JN069464

5分でできる 学級経営に生きる

小さな道徳授業 3

鈴木健二 編著

新しい道徳授業づくり研究会 著

日本標準

はじめに

いじめの現状が次のように報道されている（「朝日新聞デジタル」2023年6月11日付）。

> 文科省の調査（21年度）によると，いじめ認知件数は61万5351件と過去最多を記録。重大事態は前年度から191件も増え，705件に上り，東京は全国で最多の69件，茨城県は19件に上る。学校や教委の対応を遅さは今も相次いで指摘されている。

このような記事を見ると，いじめは増加の一途を辿り，それに対して適切に対応できていない学校の姿が浮かんでくる。

このような状況のなかで，小中学校の教師にできることは何だろうか。

それは，

> 一人一人が居心地のよい安心感のある学級をつくること

である。このような学級であれば，いじめなどの問題が発生しにくくなるからである。

そこで本書では，いじめに対して先手を打つための（いじめの予防に効果のある）「小さな道徳授業」プランを中心に提案することにした。

基盤となるのは，学級にあたたかな雰囲気を生み出すことである。

気持ちのよいあいさつが響く学級，「ありがとう」という言葉が自然に出てくる学級，友達のよさを認め合える学級，困っている友達の存在に気づき，そっと手を差し伸べられる学級。

このような学級であれば，子どもたちは安心して登校してくることができる。

しかし，「こんな学級にしよう」という教師の言葉だけでは限界がある。

ここで効果を発揮するのが，「小さな道徳授業」である。

「小さな道徳授業」を通して，子どもたちが真剣に考えて議論するなかで，あたたかい学級にしたいという思いが学級全体で共有されるようになってくる。

とは言っても，何かのはずみにいじめにつながるトラブルも発生するのが学級である。

このような状況に対応するために，いじめに向き合うための「小さな道徳授業」プランや多様性を大切にするための「小さな道徳授業」プラン，いじめが発生したときに解決に結びつけるための「小さな道徳授業」プランも提案している。

ぜひ，「小さな道徳授業」を活用して，安心感のある学級をつくってほしい。

なお，本書の執筆にあたっては，日本標準の郷田栄樹氏，佐賀大夢氏の的確なご助言をいただいた。深く感謝の意を表したい。

2023年10月

鈴木健二

目　次

解説編

第1章 「いじめ」のない学級をめざして ………………………………………… 7

実践編

第2章 あたたかい学級にしよう ………………………………………………… 17

第3章 いじめと向き合おう ……………………………………………………… 45

この本の使い方と特長

授業を通して子どもにどんな力をつけさせたいか，ねらいを示しています。

小さな道徳授業の実践ページは，すべて見開き2ページ構成となっています。実践編（第2章〜第5章）で計43本の授業実践を掲載しています。

実施学年は，めやすです。

小さな道徳授業の実施時期，活用時期を示しています。

学習指導要領の内容項目に対応しています。

●実践ページ

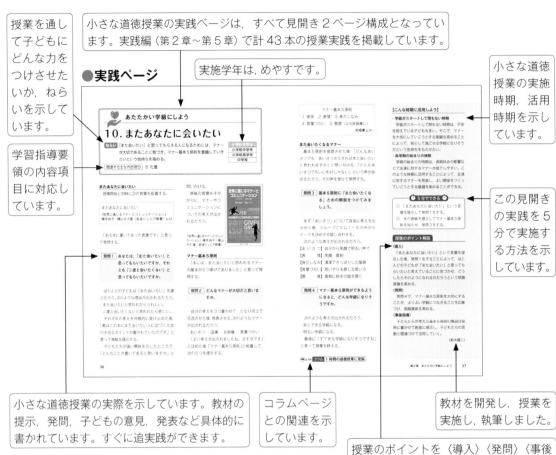

この見開きの実践を5分で実施する方法を示しています。

小さな道徳授業の実際を示しています。教材の提示，発問，子どもの意見，発表など具体的に書かれています。すぐに追実践ができます。

コラムページとの関連を示しています。

教材を開発し，授業を実施し，執筆しました。

授業のポイントを〈導入〉〈発問〉〈事後指導〉に分け，それぞれの意図や活用のコツを端的にまとめています。授業を実施する際の参考にしてください。

●コラムページ

実践編（第2章〜第5章）の各章の最後に，コラムページを設定しています。
ここでは，実践ページに掲載した授業について，1時間の道徳授業へ発展させる方法を示しています。追加教材の提示，発問の追加，活動の追加などを示しています。
参考にして実施してください。

学級経営に生きる
5分でできる 小さな道徳授業　解説編

第1章

「いじめ」のない学級をめざして

鈴木健二

小さな道徳授業案は,実践編第2章〜第5章に掲載しています。

1 「いじめを許さない」という思いを伝える

> 　私は，3年のころは，いじめられていました。だけど，鈴木先生のクラスになって一回もいじめられなくなりました。わたしは，一年間楽しくなるなと思います。一年間，よろしくお願いします。

　これは，4年生のときに担任していたYさんが始業式の翌日に書いた作文である。

　新学年が始まると，毎年「先生の印象は？」という題名で作文を書かせていた。子どもたちが私のことをどのように受け止めたかを知る手がかりにするためである。

　3年生のときいじめられていたYさんは，始業式の一日だけで，この学級ではいじめられることはなくなるのではないかと感じたようである。

　そのように感じた要因の一つは，

学級びらきで行った「小さな道徳授業」

ではないかと考えられる。

　山岸俊男氏は，いじめの阻止に熱心な「熱血先生」の存在によって，「いじめ阻止行動」をとる生徒が増えることを指摘している（『心でっかちな日本人』日本経済新聞社 p.68 ～）。

　「いじめを許さない」という熱い思いを最初に伝えるのが，学級びらきで行う「小さな道徳授業」なのである。

　Yさんを担任していた当時は，まだ「小さな道徳授業」という意識はなかったが，それに近いことを行っていた。

　学級びらきでは，毎年，許さないこととして次の3つを示していた。

> ① 人の不幸の上に自分の幸せを築こうとする行動
> ② 命を大切にしない行動
> ③ 同じことを3回注意しても改めようとしない態度

参考『教師のための叱る作法』野口芳宏 著（学陽書房）p.26

2 「小さな道徳授業」で安心感をつくる

　学級びらきで，この3つの基準を教材にして「小さな道徳授業」を行

アドバイス

学級びらきでは，不安な気持ちをもっている子どもに安心感をもたせるような指導を行う。

アドバイス

教師が明確な叱る基準をもち，子どもたちに力強く提示することが安心感のある学級づくりの第一歩になる。

う。力強く語るだけでもそれなりの効果はあるが，授業という形にすることによって子どもの思考が刺激されるので，より強く印象に残る。

授業プランを示す。

～「これだけは許さない３つのこと」の授業プラン～

「先生は，これだけは許せないという３つのことがあります」と言って子どもたち一人一人に目線を送る。子どもたちの表情が引き締まったところで１つめを提示する。

> 人の不幸の上に自分の幸せを築こうとする行動

発問１ どんな行動でしょうか。

一人で考える時間をとった後，何人か指名していく。次のような考えが出されるだろう。
・人の失敗を笑う。
・いやなことを言ったりしたりする。
・大きな声で騒ぐ。
・教室を走り回って人にぶつかったり物をこわしたりする。

一つ一つを共感的に受け止めて「あなたはこんな行動を許せますか」と問いかける。ほとんどの子どもは許せないと答えるだろう。反応を頷きながら受け止め，２つめ，３つめを提示し，同じようにどのような行動か態度かを考えさせる。

子どもたちは，３つの基準に賛同するだろう。

「この３つすべてに関わる一番許せないことがあります。それが何かわかりますか」と問いかけてしばらく間をおく。気づいた子どもがいれば何人か発表させた後，いじめであることがわかるイラストを何枚か提示する。いじめであることを確認した後，発問する。

発問2 なぜいじめは3つのすべてに関わるのでしょうか。

　自分で考えさせた後，となり同士で交流させ，何人かに発表させる。
　次のような考えが出されるだろう。
・いじめは人が悲しんでいるのを見て笑ったりしているから。
・いじめで自殺する人もいるから，人の命をうばうことになる。
・何度注意されてもいじめをやめない人がいるから。
　それぞれの考えを意味づけながら共有した後，言う。
　「先生は，この3つのこと以外では叱りません。でもこの3つのこと
をしている人がいたら絶対に見つけて厳しく叱ります。特にいじめは，
陰でこそこそやっていても絶対に見つけ出して解決します」
　3つの基準を音読させて発問する。

発問3 この3つがない学級はどんな学級になりそうですか。

　次のような考えが出されるだろう。
・みんなが安心できる学級
・楽しく明るい学級
　3つの基準を意識することによって，よりよい学級になりそうだとい
う明るい見通しをもたせて授業を終える。

3　「小さな道徳授業」で「ご機嫌な教室」をつくる

　荻上チキ氏は，児童の満足度が高く，いじめなどの問題が少ない教室
を「ご機嫌な教室」と呼んでいる(『いじめを生む教室』(PHP研究所)p.26)。
そしてさまざまなデータから，「不機嫌な教室」を「ご機嫌な教室」に
するための結論として，次の7つを挙げている。
・わかりやすい授業をする。
・多様性に配慮する。
・自由度を尊重する。
・自尊心を与えていく。
・ルールを適切に共有していく。
・教師がストレッサーにならず，取り除く側になる。
・信頼を得られるようにコミュニケーションをしっかりとる。
　これらの項目を意識することは大切であるが，どれも簡単に実現でき

アドバイス

いじめが3つのす
べてに関わるひど
い行為であること
を自分たちで考え
させることがポイ
ントである。それ
が，いじめは絶対
に許せない行為で
あることを学級全
体で共有すること
につながる。

アドバイス

「ご機嫌な教室」
をつくる7つの視
点を意識しておく
と，自分の指導に
欠けている点を発
見することができ
る。それが，指導
を改善するヒント
につながる。

ることではない。

しかし，「小さな道徳授業」を活用することによって，「ご機嫌な教室」に近づくことが可能になる。

「小さな道徳授業」は，シンプルな教材をもとに明確な目標を設定して10〜15分という短時間で行う授業なので，ほとんどの教師が「わかりやすい授業」を実現することができるようになっていく。

また授業では一人一人の考えを大切にして共感的な関わりをしていくので，多様性や自由度，自尊心にも配慮した授業になっていく。

さらに授業での学びが学級の行動の指針となっていくので，ルールの適切な共有にもつながる。

教師は，学級で大切にしたいことを子どもたちの考えをもとにサポートしていく役割なので，価値観の押しつけなどのストレスを与えることが少なくなる。

「小さな道徳授業」は短時間の授業ではあるが，子ども一人一人とのコミュニケーションも大切にしていくので，信頼関係が築かれていく。「小さな道徳授業」の成果は，日々の授業にも反映されていくので，よりよい教室環境の実現につながっていく。

「小さな道徳授業」は「ご機嫌な教室」の基盤

になっていくのである。

4　まずは上機嫌な教師になる

「ご機嫌な教室」をつくるために最も大切なのが，教師の姿勢である。教師がどのような姿で子どもたちの前に立つかによって，学級の空気感はまったく違ったものになる。

大切にしたいのは，

上機嫌

である。上機嫌な教師を見ているだけで子どもたちはうれしくなるのである。

校長をしていたころ，めざす教師像として次の3つを大切にしていた。

上機嫌・情熱・授業力

教師にとって，子どもに意味のある魅力的な授業をする力は最も重要

「小さな道徳授業」は，魅力的な教材をもとに，教師と子どもが楽しみながら一緒に考える時間である。このような時間の共有が「ご機嫌な教室」をつくっていく。

「上機嫌」は書道家の武田双雲氏が大切にしている言葉でもある。一流の仕事をする人は上機嫌な人が多いのではないだろうか。

である。そのためには，自分の授業力を高めようとする情熱が不可欠であり，そのような教師は上機嫌な姿で子どもたちの前に立つことができる。そして上機嫌な教師と出会えた子どもたちは幸せである。

　だからこそ，「上機嫌・情熱・授業力」を合い言葉にして学校経営に取り組んできたのである。

　　上機嫌な姿で子どもの前に立つこと

が「ご機嫌な教室」の基盤になっていくのである。

日頃の教師自身の姿は，学級の雰囲気に大きな影響を与える。「先生，今日も楽しそうだね」と言われる教師をめざしたい。

5　学級づくりの基盤となる「あたたかい学級」をつくる

　本書の構成は次のようになっている。

いじめの起きにくい学級づくりをしていくための基盤となるのは，

　　あたたかい学級をつくりたい

という子どもたちの思いである。

　あたたかい学級とは，次のような学級である。
・困っていたら誰かがそっと手を差し伸べてくれる学級
・明るいあいさつが飛び交う学級
・自分の話に真剣に耳を傾けてくれる学級
・楽しいイベントを企画してみんなで盛り上がる学級
・誰かのためになる行動をしようとする学級
　言葉で言うのは簡単だが，実現するのは簡単なことではない。
　そこで「小さな道徳授業」を活用するのである。
　たとえば，次のようなポスターを活用して思いやりについて考える「小さな道徳授業」をつくることができる。
　次のような授業プランである。

~「思いやりをありがとう」の授業プラン~

「ある駅でいいなあと思うポスターを発見しました」
と言ってポスターを提示する（「思いやり」は空欄にして
おく）。

提供：一般社団法人
日本エレベーター協会

空欄に入る言葉を考えさせた後，「思いやり」という
言葉であることを示し発問する。

発問1　あなたが「思いやりをありがとう」と言いたくなるの
はどんなときですか。

できるだけ数多くの経験を出させて，ささやかな言動も思いやりだ
と受け止められていることに気づかせていく。

教師も「思いやりをありがとう」と言いたくなった子どもたちの姿
をさまざまな視点で紹介して，「『思いやりをありがとう』がたくさん
出てくる学級になったら素敵ですね」と言って授業を終える。

このような「小さな道徳授業」を行うことによって，友達のささやか
な言動が「思いやり」であることに気づき，「ありがとう」という言葉
が自然に出てくるようになれば，あたたかい雰囲気の学級になっていく
ことだろう。そしてそのような学級ではいじめが発生しにくくなるはず
である。

!アドバイス

身近なところか
ら，あたたかい学
級をつくるヒント
になる素材が数多
く発見できる。よ
い素材だなと思っ
たら，とりあえず
「小さな道徳授業」
をつくってやって
みよう！

6　「小さな道徳授業」で先手を打つ

「小さな道徳授業」は，

先手を打つ教育

である。

いじめは，発生してから手を打っても簡単には解決できない場合が多
い。だからこそ，いじめの発生をできるだけ少なくするようなアプロー
チが重要になる。

「あたたかな学級をつくろう」という視点と「多様性を大切にしよう」
という視点は，いじめの発生をできるだけ少なくするためのアプローチ
として活用できる。

ここでは，「多様性を大切にしよう」について述べる。

天声人語（「朝日新聞」2023年7月3日付）に次のような話が載っていた。

　「どこの国の出身ですか」。日本で生まれました。「うおーハーフかいな」。ハーフじゃないです。ダブルです。「箸の使い方，上手やなー」。……。「日本食は好きなん」。はい。「きょうは外人，多いなあ」
　ラーメン屋の客が見た目が外国人のような若者に対し，立て続けに不躾な質問を放つ。いかにも不愉快といった表情で，言葉少なに応じる若者。4年前に発表された映画『WHOLE』の一場面である。

　大人でも見た目だけで決めつけて話しかけ，それが相手を傷つけていることに気づかないのである。
　第4章9「みんなとちがうのは悪いこと？」の教材として取り上げた『差別ってなんだろう？3』(新日本出版社)を監修している好井裕明氏は，「はじめに」で次のように述べている (p.2)。

　　世のなかには，さまざまな「ちがい」をもった人びとが暮らしています。同時にわたしたちがふだん生きていくうえで「あたりまえ」のように使っている常識のなかに，「ちがい」をめぐる多くの勝手な「思い込み」や「決めつけ」もまた息づいています。
　　そして「思い込み」や「決めつけ」をそのままうのみにしてしまうとき，人はだれでも"差別する可能性"をもつのです。

　自分が勝手な「思い込み」や「決めつけ」をしていることに気づかなければ，天声人語の事例のように，それが差別につながっていく可能性があるということである。
　そして気づかない限りそのような差別は繰り返されていく。
　だからこそ，「小さな道徳授業」を活用して，

勝手な「思い込み」や「決めつけ」に気づかせることが重要

なのである。気づくことができれば，知らないうちに見た目で差別してしまうような言動を減らすことができるからである。
　天声人語では，『WHOLE』の監督川添ビイラルさんの言葉を引用して次のように締めくくっていた。

　「相手のことを知らず，知ろうともしないから，傷つけてしまうの

子どもの認識の変容を促すためには，教師自身の深い学びが欠かせない。新聞や書籍など，さまざまなメディアから学ぼうとする意識をもちたい。その学びが「小さな道徳授業」の質を高める。

かな」。川添さんは言った。自戒を込めて思う。自分の何げない一言が，誰かを悲しくさせていないか。もっと想像力を，多く持ちたい。

「小さな道徳授業」は，「自分の何げない一言」に対する想像力を高めてくれる効果も期待できるのではないかと思う。

7　いじめの予兆に気づき，行動する力を高める

「小さな道徳授業」を活用して，さまざまなアプローチをしたとしてもいじめを完全に防ぐことは難しい。

そこで重要になってくるのが，いじめとしっかり向き合おうとする意識を高めることである。それが，いじめの早期発見や早期解決につながる。

いじめに向き合うには次の2つがポイントになる。

> ① いじめの予兆に気づく力を高める
> ② いじめの予兆に気づいたら行動しようとする意識を高める

まずは，いじめの予兆に気づく力を高めたい。

第3章9「いじ芽 つみとろう！」は，気づく力を高めることに効果のある授業である。

いじめはいきなり激しくなるのではなく，少しずつひどくなっていく。だからこそ，「いじ芽」のうちに摘み取っておくことが早期発見，早期解決につながる。

子どもたちがこのような意識をもつと，いじめの予兆になるかもしれないささやかな言動が早い段階で把握されるようになり，自分たちで解決しようとする行動につながっていく。

第3章13「『だれか』じゃなくて」の授業は，いじめの予兆やいじめに気づいたら，解決するために行動しようとする意識を高める効果がある。

> **自分から動くことができるようにするためのアイデアを学級全体で共有する**

ことによって，解決に向けての行動がしやすい学級になっていく。

学級には，つい誰かをからかったり，いやなことをしたりしてしまう子どもがいる。そのような子どもには，

いじめを早期発見・早期解決するためには，子どもの意識を高めることが大きなポイントになる。教師だけでできることは限られている。子どもたちの力を活用することが大切である。

いじめの予兆につながるような行動を自ら抑制しようとする力

を身につけさせたい。

　第3章14「迷惑行為ランキング」は，自分の行為が誰かの迷惑になっていることに気づかせる効果のある授業である。

　いじめの予兆になるような行為をしてしまう子どもは，それが誰かの迷惑になっているという意識が薄い場合がある。そこで，学級の迷惑行為ランキングを数多く出させることで，自分の行為を客観的にとらえることができるようになる。迷惑行為をやってしまったときにも，それが迷惑行為であることを周りが指摘しやすくなり，自ら抑制しようとする力につながっていくはずである。

8　いじめを解決するために

いじめが発生したときにどのようにすれば解決できるか

を子どもたち一人一人が理解しておくことは，いじめが発生したときの冷静な判断と落ち着いた行動につながる。周りの子どもにできることやいじめられている子どもにできること，学校にはいじめを解決するシステムがあることなどをしっかり伝えたい。

　第5章2「まわりの人間ができること」は，傍観者にできる4つの役割を学ばせることができる授業である。

自分にもできそうな行動が明確にわかる

ことによって，これまで自分は無力だと思っている子どもに一歩踏み出す勇気をもたせることができる。いじめられている子どもも，周りの友達が何らかの行動をとってくれるのではないかという意識をもてるようになり，解決の糸口をつかむきっかけになる可能性が出てくる。

いじめられたときには，誰かに相談することが解決につながる

という意識を高めることも大切である。

　第5章5「いじめかもと思ったらすぐ相談しよう」は，相談することによって7割以上のいじめがなくなったり少なくなったりしたというデータを提示することによって，相談することの効果に気づかせる授業である。いじめられている子どもが相談できなくても，周りの子どもが誰かに相談してみようとする意識を高めることにもつながる。

アドバイス

いじめを解決するためには，教師自身が多様な解決方法を学ぶことがポイントになる。学び続ける教師だけがいじめを解決する力を身につけられるのである。

第2章

あたたかい学級にしよう

あたたかい学級にしよう

1. まごころこめておつきあい

ねらい	日頃の友達に対する態度について振り返り，これまで以上に「まごころこめておつきあい」していこうとする意識を高める。	小学校低学年
		小学校中学年
		小学校高学年
		中学校

関連する主な内容項目　B　親切，思いやり（中学は，「思いやり，感謝」）

キャッチフレーズと出合う

授業開始と同時に次の写真を提示する（「まごころこめておつきあい」はぼかしておく）。

提供：株式会社サカイ引越センター

子どもたちからは，「見たことある」「引っ越しの会社だ」などという声があがり，盛り上がるだろう。

しばらく様子を見た後で言う。

「（ぼかした部分に注目させて）ここには，この会社が大切にしているキャッチフレーズが書いてありました。何と書いてあったか知りたいですか」

ほとんどの子どもは「知りたい！」というだろう。

そこで，次のように提示する。

┌──────────────┐
│ ［　　　　　　　　　　］おつきあい │
└──────────────┘

空欄に入る言葉を考えさせる。

次のような言葉が出されるだろう。

・にこにこ　・大切な　・思いやりのある

・すてきな　・楽しく

考えが出尽くしたところで，「まごころこめて」であることを知らせ，音読させる。

「まごころこめて」の意味を話し合う

発問1 ただの「おつきあい」と「まごころこめておつきあい」はどう違いますか？

低・中学年で授業する場合には，「まごころ」の辞書的な意味を補足して考えさせる。

次のような考えが出されるだろう。

・ただの「おつきあい」は，あまり相手のことを考えていない表面的なおつきあい

・「まごころこめておつきあい」は，相手に対する思いやりのあるおつきあい

これらの考えを受けて発問する。

発問2 自分は，どちらの「おつきあい」をしてもらいたいですか？

　大半の子どもは，「まごころこめておつきあい」を選ぶだろう。

　そこで，「ほとんどの人が，まごころこめておつきあいをしてもらいたいと思っているんですね。どうしてでしょうか」と問いかけて，理由を発表させる。

　次のような理由が出されるだろう。

・大切にされているみたいでうれしくなるから。

・もっとよい友達になれそうな気がするから。

　それぞれの理由を共感的に受け止め，「まごころこめておつきあい」のよさを感じさせる。

自分の態度を振り返る

発問3 あなたの友達とのつきあい方は，「まごころこめておつきあい」していると思われているでしょうか。

　4段階（思われている…4，まあまあ思われている…3，あまり思われていない…2，思われていない…1）で自分を振り返らせた後，発問する。

発問4 4に少しでも近づくために実行していきたいことは何ですか。

　実行していきたいことを3つ以上書かせてとなり同士で交流させる。最後に学んだことを書かせて授業を終える。

【こんな時期に活用しよう】

・4月の早い段階

　4月当初に活用することによって，友達とのつきあい方の行動の指針を印象づけることができる。

・夏休み明け

　夏休み明けの人間関係に対する意識が低下している時期に活用することによって，友達とのつきあい方に対する気持ちを引き締めることができる。

・人間関係に気になる様子が見られるとき

　友達に対する思いやりが欠ける言動が少しでも気になったときに活用することによって，学級の雰囲気をよい方向に変えていくことができる。

⏱5分でできる⏱

① 空欄の言葉を考えさせる。

② 発問1で「まごころこめておつきあい」の意味を考えさせる。

③ 発問3で自分を振り返らせる。

授業のポイント解説

〈導入〉

　授業開始と同時に，よく見かけるトラックの写真を提示して興味関心を高めた後，キャッチフレーズに出合わせて印象づける。

〈発問〉

　比較させる発問（発問1）で，「まごころこめて」のよさを明確にとらえさせることが，発問3，発問4における深い思考につながる。

〈事後指導〉

　まごころをこめた言動をしている子どもを朝の会や帰りの会で紹介し，まごころのさまざまな形を広げていくとともに，意識の持続を図る。

（鈴木健二）

あたたかい学級にしよう

2.「ありがとう」は万能薬

ねらい 「ありがとう」という言葉は，感謝の気持ちが伝わるだけでなく，相手の気持ちを前向きにさせる効果があることに気づき，「ありがとう」を伝えようという意識を高める。

小学校低学年
小学校中学年
小学校高学年
中学校

関連する主な内容項目　B 感謝（中学は，「思いやり，感謝」）

万能薬のような効果があるものとは

　授業開始と同時に，「万能薬」という言葉を板書し，言葉の意味を知っているかどうか問いかける。万能薬が，非常に広い範囲の病気やけがに効果があるといわれている薬であることを全体で共有する。

　その後，「ありがとう」を空欄にしてポスターの言葉を提示し発問する。

　発問1　どんな言葉が入るでしょうか。

　思い浮かばない子のために，グループで相談をさせてから発表させる。

　次のような言葉が出されるだろう。
・よくやったね
・すてきだね
・いいね
・すごいね
　「そんなものはない」というような意見が出た場合も，「それも一つの意見ですね」と受け止め，どんな意見も発表できるという雰囲気をつくる。子どもたちの意見から，「癒やされるもの」「元気がでるもの」「生きる力になるもの」が万能薬になれそうであることに気づかせる。その後，「ありがとう」が入

ることを伝え，ポスター全体を提示する。

出典：第1回「ありがとう」は万能薬。絵はがきデザインコンテスト ポスター（主催：イドルシア ファーマシューティカルズ ジャパン株式会社，株式会社エフエム大阪）

ありがとうは万能薬か？

　発問2　「ありがとう」にそんな効き目があるのでしょうか。

　4段階（効き目がある…4，まあまあ効き目がありそう…3，少しは効き目がありそう…2，効き目はない…1）で判断させることで「あ

りがとう」の力に気づかせる。

　大半の子どもは４〜２を選び，次のような意見を出すだろう。２を選んだ子どもから発表させ，「ありがとう」の効果をより実感できるようにする。

・「ありがとう」って言われると，自分をほめてもらえたみたいで笑顔になれるから，効き目があると思う。

・「ありがとう」って言われると，自分のがんばりを認めてもらえたと思えて，明るい気持ちになれるから，効き目があると思う。

・「ありがとう」って感謝されると，うれしい気持ちになって，元気が出るから効き目があると思う。

　意見が出尽くしたところで，「『ありがとう』と言ってもらって元気になれたり，やる気が出たりした経験はある？」と尋ね，経験がある子に発表をさせる。

「ありがとう」を届けよう

　子どもたちが「ありがとう」にはすごい力があると感じ始めたところで，最後の発問をする。

| 発問3 | あなたの「ありがとう」で誰を元気にさせたいですか。 |

　「ありがとう」を伝える相手と，どんな「ありがとう」を伝えるのかをノートに書かせる。

・お母さんに「毎日ご飯を作ってくれてありがとう」と伝えたい。

・先生に「勉強を教えてくれてありがとう」と伝えたい。

　グループで意見を交流させた後，グループの代表者に，特に心に残った「ありがとう」を理由と共に発表させて授業を終える。

【こんな時期に活用しよう】

・学校生活や友達に慣れてきたころ

　学校生活や友達に慣れ，他者からの好意を当たり前と感じるようになる時期に活用することで，自分が大切にされていることや相手に対する感謝を忘れがちになっていることを強く印象づけることができる。「ありがとう」が増えることで学級の雰囲気をよい方向へ変えることができる。

・長期休み明け

　長期休み明けは，精神的に不安定になる子どもが見受けられる。このような時期に活用することで，安心感を高め，新たなスタートを切ることができる。

⏱ 5分でできる ⏱

① 「ありがとう」を空欄にしてポスターを提示した後，しばらくして「ありがとう」が入ることを伝えて，発問2をして議論する。

② 発問3をして，「ありがとう」を届けたいという意識を高める。

授業のポイント解説

〈導入〉

　「万能薬」という言葉の意味を全体で共有しておくことで，全員が空欄の言葉を考えたいという気持ちになり，全員を授業に参加させることができる。

〈事後指導〉

　授業を行った日に「家族を『ありがとう』で元気にしよう」という宿題を出し，行動化させる。翌日，誰にどんな「ありがとう」を伝えたのか，そのときの相手の様子はどうだったか，その様子を見て自分はどんな気持ちになったかを発表させ，ありがとうの力を実感させることで，意識の持続を図る。

　　　　　　　　　　　　　　　（猪飼博子）

あたたかい学級にしよう

3. たったひとりの強い想い

ねらい たったひとりの想いでも，周りがそれを受け止め，協力していけば，大きな力となって環境を変えることができることに気づき，自分も強い想いをもったり，友達の想いに応えたりしたいという意識を高める。

小学校低学年
小学校中学年
小学校高学年
中学校

関連する主な内容項目 C よりよい学校生活，集団生活の充実

世界を変える力とは

授業開始と同時に，「気になるポスターを見つけました」と言って，ポスターの言葉を隠し，人々が笑っている写真だけを提示する。

提供：JICA（独立行政法人国際協力機構）

しばらくして，気づいたことやはてなと思うことを発表させる。子どもたちからは，次のような意見が出されるだろう。
・ひとりだけ違う国の人がいる。
・何かを喜び合っているのかな。
子どもたちの気づきやはてなを共感的に受け止め，意味づけして学級全体に広げていく。

ポスターの情報を全体で共有した後，「このポスターには，こんな言葉がついていました」と言って，次のように提示し，空欄に入る言葉を考えさせる。

世界を変えてきたのは，いつの時代も，

だ。

次のような考えが出されるだろう。
・みんなの笑顔
・協力し合う力
子どもたちの意見が出尽くしたところで，「たったひとりの強い想い」という言葉が入ることを伝える。この言葉に驚きを感じる子どももいるだろう。

たったひとりの力が世界を変えられる？

子どもたちの驚きを受け止めながら「先生は，このポスターの言葉を見たとき，疑問が浮かんできました」と言って発問する。

発問1 たったひとりでは，どんなに想いが強くても世界を変えるなんて難しいのではないですか。

「世界は変えられる」と思えば○，「世界は変えられない」と思えば×を選ばせ，理由をノートに書かせる。挙手させて人数を確認し，少数派から理由を発表させる。

【×の意見】

・たったひとりが強く想っても，世界は簡単に変えられないから。

【○の意見】

・たったひとりでも，強い想いをもって行動すれば，協力したいと思う仲間が増えて少しずつ変わっていくかもしれないから。

子どもたちの意見を次のようにまとめる。

> たったひとりでも，「強い想い」と「仲間の協力」があれば，世界を少しずつ変えていく可能性が出てくる。

学級を変えていくために

ポスターの言葉を次のように替え，学級写真を添えて提示し，発問する。

> 学級を変えるのは，たったひとりの強い想いだ。

発問2 あなたは，素晴らしい学級にしていくためにどんな想いをもって行動していきたいですか。

「自分の想い」カードに書かせた後，次のように話して授業を終える。

「一人一人が素晴らしい想いをもっていることを知ってうれしく思いました。友達の想いを受け止めて行動できるようになると，学級がもっともっと進化していきそうですね」

【こんな時期に活用しよう】

・4月の早い段階

学級をみんなでつくっていこうという意識が高まっている時期に活用することによって，友達の想いを大切にしながら協力していこうとする意識を高めることができる。

・グループが固定化し始めたとき

特定のグループで行動するようになると自分が所属するグループ以外の友達に協力しようとする意識が低下する。このような時期に活用することで，学級の人間関係をよりよい方向に変えていくことができる。

⏱ 5分でできる ⏱

① ポスターを提示した後，発問1をして，ひとりの想いに大きな意味があることに気づかせる。
② 発問2をして，ひとりの想いに応えて協力していこうという意識を高める。

授業のポイント解説

〈導入〉

外国の人々の中に，日本人らしい人がひとりいる写真のみを提示することによって，どのような状況なのだろうという子どもたちの興味関心を高める。

〈発問〉

挑発する発問（発問1）で，「ひとりの力は決して，無力ではない」という新しい認識を強く印象づける。

〈事後指導〉

授業後，発問2で使用した掲示物（言葉と学級写真），「自分の想い」カードを学級目標の近くに掲示して，子どもたちの意識の持続を図る。

（猪飼博子）

あたたかい学級にしよう

4. 本物の気づかい

ねらい 「本物の気づかい」という言葉から，相手を思いやる「本物の気づかい」とそうでない気づかいがあることに気づき，「本物の気づかい」を実践しようとする意欲を高める。

小学校低学年
小学校中学年
小学校高学年
中学校

関連する主な内容項目 B 親切，思いやり（中学は，「思いやり，感謝」）

気づかいをしたりされたりした経験

授業開始と同時に「ちょっと考えさせられる本を見つけました」と言って，"本物の"の部分を空欄に見えないように隠して本の表紙の題名部分を提示する。

『本物の気づかい』井上裕之 著
（ディスカヴァー・トゥエンティワン）

「気づかい」をしたりされたりした経験を思い思いに話させ，身近にある気づかいを具体的にイメージさせる。その後「実は，この本の題名にはこんな言葉がついていました」と言って，"本物"を空欄にした題名を次のように提示し空欄に入る言葉を考えさせる。

[　　　　　]の気づかい

次のような言葉が出されるだろう。

・「優しさ」の気づかい
・「笑顔」の気づかい
・「最高」の気づかい

「本物の気づかい」と「偽物の気づかい」

考えが出尽くしたところで「本物」という言葉であることを提示し，「本物の気づかいがあるということは，偽物の気づかいもあるということですね」と言って発問する。

発問1 「本物の気づかい」と「偽物の気づかい」の違いは何でしょうか。

自分の考えを書かせて発表させる。次のような考えが出されるだろう。

・自分がほめられたくてする気づかいは，相手のことを考えない「偽物の気づかい」。
・相手の立場や状況を考えてやるのが「本物の気づかい」。
・さりげなくやるのが「本物の気づかい」。

・同じ行動でも，独りよがりになったり相手の立場や状況に合っていなかったりしたら「本物の気づかい」とは言えない。

　ある程度意見が出尽くしたところで，子どもの言葉の中から出てきたキーワードを板書に示し，そのキーワードをもとに学級としてどのような姿が「本物」と言えるのかを次のようにまとめる。

> 相手のことを考えて，誰にでも同じようにさりげなく行う気づかい

自分の気づかいは本物？

　学級でまとめた「本物の気づかい」を音読させた後，発問する。

> **発問2** 自分がしている気づかいは「本物」だという自信がありますか。

　ほとんどの子どもが「自信がない」と答えるだろう。そこで，次の発問をする。

> **発問3** 「本物の気づかい」をするために，特に心がけたいことは何ですか。

　学級でまとめた「本物の気づかい」をもとに特に心がけたいキーワードを選ばせて考えさせる。なかなか考えを書けない子どもがいたら，クラスの中で真似をしたい友達の気づかいとその理由を何人かに発表させて参考にさせる。

　最後に，教師が子どもにしてもらった「本物の気づかい」を紹介した後，「本の表紙にはこんな言葉もありました」と言って，「一瞬の気づかいが　一生の武器になる」を提示し，音読して授業を終える。

【こんな時期に活用しよう】

・学級がスタートして間もない時期

　お互い手探りで，新しい友達と関係をつくりつつある時期なので，自然と気をつかう場面が多いだろう。だからこそ，このような時期に「本物の気づかい」とはどういう姿かを学級みんなで考えることで，行動の指針を印象づけることができる。

・言葉遣いの乱れが気になり始めた時期

　慣れてくると，友達や教師に対する言葉遣いの乱れが見られるようになる。このような時期に活用することによって，学級の雰囲気をよい方向に変えていくことができる。

⏱ 5分でできる ⏱

① 　空欄の言葉を考えさせた後，発問1で「本物の気づかい」と「偽物の気づかい」の違いを話し合わせる。
② 　発問2で，自分の気づかいは「本物」だという自信があるかを考えさせる。

授業のポイント解説

〈導入〉

　「気づかい」という書名だと思わせるように提示することによって，まずは「気づかい」についての経験を出しやすいようにする。その後，「実は…」と言うことで，さらに考えを深めさせていく。

〈事後指導〉

　朝の会や帰りの会で，期間を決めて「"本物の気づかい"発見」コーナーを設定する。

　グループで交流した後，学級全体に紹介したい「本物の気づかい」を発表させる。

　教師もさまざまな人から受けた身近な気づかいを紹介し，気づかいの幅を広げるようにしていく。

（石津まりこ）

あたたかい学級にしよう

5. 心の声に耳をすまして

ねらい 悩みや悲しみは，なかなか声に出せないことに気づき，悩みや悲しみを伝えられず苦しむ友達に気づくことができる学級にしていきたいという気持ちを高める。

小学校低学年
小学校中学年
小学校高学年
中学校

関連する主な内容項目 B 親切，思いやり（中学は，「思いやり，感謝」）

ポスターに込められたメッセージとは

授業開始と同時に，「心の声に　耳をすまして」という言葉を隠して，ポスターを提示し，気づいたことや考えたことを発表させる。

出典：令和元年度 鳥取市人権ポスター入賞作品
鳥取市立北中学校３年 内田あかり

次のような言葉が出されるだろう。
・悲しそうにしている女の子がいる。
・大きな耳がある。
・何かを聞いている子どもたちがいる。
　ポスターに描かれている情報を学級全体で共有したところで，発問をする。

発問1 ポスターに言葉をつけるとしたら，どんな言葉をつけますか。

個人で考えさせた後，グループで交流をさせる。グループの代表者に，一番心に響いた言葉を発表させる。次のような意見が出されるだろう。
・友達の話を聞いてあげよう。
・あなたには，友達の声が聞こえますか。
　意見が出尽くしたところで，「心の声に耳をすまして」という言葉が入ることを伝える。子どもたちは，聞くべき声がただの「声」ではなく，「心の声」であると知り驚くだろう。

苦しみや悲しみはなかなか言葉に出せない

発問2 ポスターを作った人が，どうして，ただの「声」ではなく「心の声」としたのか，あなたにはわかりますか。

わかる人は○，ちょっとわかる人は△，わからない人は×を書くように指示をする。3つのうちどれかに挙手をさせ，「ちょっとわ

かる人」と「わかる人」に，ただの「声」ではなく「心の声」にした理由を発表させる。
　次のような意見が出されるだろう。

・声に出せず，心にしまい込んでいる本当の思いに気づいてほしいと思っているから。

・言葉にならない気持ち（声）こそ，周りの人が気にかけてあげないといけないことだから。

「心の声」に気づく学級へ

　意見が出尽くしたところで，「みんなにも，声に出せない『心の声』はある？」「みんなも悩みや悲しみは声に出して伝えるのは難しい？」と問いかけ，「心の声」を言葉にすることの難しさを全体で共有した後，発問する。

> **発問3** この学級は友達の「心の声（悩みや悲しみ）に気づくことができる学級になっているでしょうか。

　4段階（なっている … 4，まあまあなっている … 3，あまりなっていない … 2，なっていない … 1）で判断させ，理由と共に発表させる。次のような意見が出されるだろう。

【なっている・まあまあなっている】

・自分が声に出せなくて悩んでいたときに，友達から「大丈夫」と声をかけてもらったから。

・元気がない人を見つけると，みんなで何とかしようという行動が見られるから。

【あまりなっていない・なっていない】

・自分が悩んでいたときに，気づいてもらえなかったから。

　最後に，「どうしたら『4』に近づくことができるんだろうね」と問いかけ，その方法と学んだことを書かせて授業を終える。

【こんな時期に活用しよう】

・グループができ始めているとき

　子どもたちが友達を固定化しグループを作り始めると，グループの外には意識を向けようとしなくなる。グループに属さない子どもは誰からも関心をもってもらえなくなり，悩みや悲しみがあってもなかなか気づいてもらえなくなる。このような時期に，「みんなの悩みや悲しみに気づいていこう」という意識をもたせることで，誰一人取り残さないあたたかい学級に近づけることができる。

⏱ 5分でできる ⏱

① 「心の声に　耳をすまして」を空欄にしてポスターを提示した後，少し間をおいて入る言葉を伝え，発問2をして議論する。

② 発問3をして，友達の「心の声」に気づく学級にしていきたいという意識を高める。

授業のポイント解説

〈導入〉

　「心の声」という意表をつく言葉と出合わせることによって，大切な言葉として印象づける。

〈発問〉

　ねらいに迫るためには，何を問うかが大きなポイントとなる。ここでは，なぜ「心の声」なのかを考えさせることによって，ただの「声」との違いに気づかせ，新たな認識の変容を促すことができると考えた。

〈事後指導〉

　朝の会や帰りの会で，学級から聞こえそうな友達の「心の声」を想像したり，学活の時間にタブレットの無記名機能を活用して自分の心の声を伝えたりすることで，心の声に気づいていこうとする意識の持続を図る。

（猪飼博子）

あたたかい学級にしよう

6. ココロのバリアフリー

ねらい 「ココロのバリアフリー」が学級に安心感をもたらすことに気づき，ココロのバリアフリーが広がる学級にしていくために，自分にできることをやっていきたいという意欲を高める。

小学校低学年
小学校中学年
小学校高学年
中学校

関連する主な内容項目 B 相互理解，寛容

どんなお店？

授業開始と同時に，「こんなステッカーを貼っているお店があるそうです」と話し，ステッカーの一部（イラスト部分のみ）を提示する。「四つ葉のクローバーが描いてある」「車いすかな？」「見たことあるかも！」とつぶやく子がいるだろう。見たことがある子には，どこで見たのかを聞きながら，「このステッカーには，こんな言葉がついていました」と言って，「バリアフリー応援店」と書かれた部分を見せて発問する。

発問1 バリアフリー応援店とは，どんなお店なのでしょうか。

となり同士で意見を出し合った後，数名に発表させる。次のような意見が出されるだろう。

・車いすの人が入りやすいように段差がなかったり，入り口や席が広かったりするお店
・盲導犬も一緒に入れるお店
・点字や音声でわかるメニューがあるお店

バリアフリーについて学習した後であれば，さまざまな物理的な支援（または制度的な支援）をしている例が多く出されるだろう。

子どもたちから例を出させた後に，バリアフリーについての補足説明をする（写真なども使って説明するとよりわかりやすい）。

> バリアフリーとは，多様な人が社会に参加する上で，障壁（バリア）をなくし，誰もが安心して生活しやすくすること

ココロのバリアフリーとは？

バリアフリーについて共有した後，「このステッカーにはこんな言葉が書いてありました」と言って，ステッカー全体を提示する。

ココロのバリアフリー応援店ステッカー
提供：NPO法人ココロのバリアフリー計画

「ココロのバリアフリー」という言葉に注目させた後，発問する。

発問2 "バリアフリー応援店"と"ココロのバリアフリー応援店"は，どう違うのでしょうか。

自分の考えを書かせた後，グループで意見を出し合う時間を設ける。相手の考えから学んだことをつけ加えさせた後，数名に発表させる。次のような意見が出されるだろう。
・困っている人がいたら声をかけるお店
・環境が整っていなくても，積極的に手伝うことで誰でも安心して利用できるお店
・障害者や外国人などを差別せずに，どんな人でも受け入れるお店
「そんなお店が増えるとみんなが安心して入れそうですね」「そんな店だとみんながうれしくなりますね」と，共感的に受け止めながら子どもたちの意見を聞く。

「ココロのバリアフリー応援教室」にするために

ある程度意見が出尽くしたところで，「この教室にもこのステッカーを貼ろうと思います」と言って，ステッカーの「店」の部分を「教室」に変えて提示し発問する。

発問3 ココロのバリアフリー応援教室に貢献するために，自分にはどんなことができそうですか。

自分の考えを書かせた後，「こんな実践があるそうです」と言って，『新しい心のバリアフリーずかん』（ほるぷ出版）を紹介し，授業を終える。

【こんな時期に活用しよう】

・学級がスタートする時期

　学級がスタートしたばかりの時期は，不安な気持ちをもつ子どもが多い。このような時期に活用することによって，安心感のある教室になりそうだという雰囲気を広げることができる。

・長期休み明けの時期

　長期休み明けの時期は，気持ちのゆるみもあって，ちょっとしたことがトラブルになりやすい。このような時期に活用することによって，お互いを思いやる気持ちを高め，トラブルを少なくすることができる。

⏱ 5分でできる ⏱

① ステッカーを紹介し，発問2をして"バリアフリー"と"ココロのバリアフリー"の違いを考えさせる。

② 発問3をして，ココロのバリアフリー応援教室に貢献するために，できそうなことを考えさせる。

授業のポイント解説

〈導入〉

　ステッカーという言葉で，興味関心を高めた後，イラストから子どものつぶやきを引き出し，問題意識を高めていく。

〈発問〉

　発問2で，「ココロ」という言葉のもつ意味を検討させることによって，大切なことは，相手に対する思いであることに気づかせ，実践への意欲を高めたい。

〈事後指導〉

　紹介した本は，教室に置いていつでも見ることができるようにする。また，ココロのバリアフリーを実践している子どもがいたら，朝・帰りの会や学級通信などで紹介し，"ココロのバリアフリー"を浸透させていく。

（平井百合絵）

あたたかい学級にしよう

7.GEZELLIG（ヘゼリヒ）を広げよう

ねらい 「ポジティブであたたかい感情」という意味の GEZELLIG（ヘゼリヒ）というオランダ語を知り，ヘゼリヒのあふれる学級にしていきたいという意識を高める。

| 小学校低学年 |
| 小学校中学年 |
| 小学校高学年 |
| 中学校 |

関連する主な内容項目 C 国際理解，国際親善，よりよい学校生活，集団生活の充実
（中学は，「国際理解，国際貢献」）

空欄の言葉は？

授業開始と同時に本の表紙を見せる（「翻訳」を空欄にする）。

『翻訳できない 世界のことば』
エラ・フランシス・サンダース 著（創元社）

発問1 ［　　　　］には，どんな言葉が入ると思いますか。

次のような言葉が出されるだろう。
・真似　　・想像　　・日本語に　・理解
子どもたちの意見を共感的に受け止めた後，「実はこんな言葉です」と言って，「翻訳」という部分を提示する。

本当に翻訳できないの？

「本当に翻訳できない言葉なんてあるのでしょうか」と挑発した後，「たとえばオランダ語にはこんな言葉があります」と言って，次の言葉を提示する。

GEZELLIG

子どもたちは，「何と読むのだろう」という表情をするだろう。そこで「ヘゼリヒ」であることを知らせ，「こんな意味です」と言って次の文章を提示する。

単に居心地よいだけでなくて，ポジティブであたたかい感情。物理的に快いという以上の「心」が快い感覚。たとえば，愛する人と共に時をすごすような。

（前掲書 p.15 より）

発問2 あえて日本語に翻訳するとしたら，どんな言葉にしますか。

次のような意見が出されるだろう。
・日本語にぴったりの言葉はない。
・「ぬくもり」に近い言葉かな。
・「幸せ」も近いかもしれない。

似ている言葉はあっても、ぴったりな言葉
はないことを確認する。

あなたが「ヘゼリヒ」を感じるのは？

「オランダ語にはどうしてこの言葉がある
のでしょうか」と言って、次の文章を提示し
て、オランダ文化のよさに触れる。

> どのオランダ人にたずねても、みんな
> gezellig について語ってくれます。あた
> たかく、まるで家族のように人をむかえ
> 入れ、たのしい会話やハグで心をリラッ
> クスさせてくれる文化が、そこに現れて
> います。 (前掲書 p.14 より)

発問3 この学級でも「ヘゼリヒ」を感
じる場面はありますか。

あると思えば○、ないと思えば×を選ばせ、
理由も書かせる。挙手させて人数を確認した
後、○と×の理由を交互に発表させる。
次のような考えが出されるだろう。

【○派】
・休み時間に、友達と他愛もない会話をする
　ときに感じる。
・自分の役割がちゃんとあって、自分はここ
　にいていいんだって思えるとき。

【×派】
・まだ親しくなっていない友達もいるから、
　あまり感じられないような気がする。
・グループができているような気がして、時々
　さびしく感じることがあるから。

それぞれの考えを受け止めた後、一人でも
多くの人が「ヘゼリヒ」を感じるために、自
分ができそうと思えることを一つ書かせて授
業を終える。

【こんな時期に活用しよう】

・学級目標をつくる前の時期

新学年がスタートしてしばらくしたら、多
くの学級では学級目標を設定する。学級目標
を設定する前の時期に活用することによっ
て、学級目標に「ヘゼリヒ」の考え方が反映
されるようになる。

・トラブルが目立ち始める時期

学級に慣れてくると、ささいなことからト
ラブルが発生しやすくなってくる。このよう
な時期に活用することによって、あたたかな
学級にしていきたいという意識を高めること
ができる。

5分でできる

① 本の表紙を提示して、翻訳できない
　言葉として「ヘゼリヒ」を示す。
② 「ヘゼリヒ」の意味を提示した後、
　発問3をする。

授業のポイント解説

〈導入〉

「GEZELLIG」（ヘゼリヒ）という耳慣れな
い言葉と出合わせることによってその意味を
知りたくなる状況をつくる。

その後、ヘゼリヒの意味を知らせ、言葉の
意味を印象づける。

〈発問〉

発問3によって、新しく学んだ言葉の意味
を手がかりに、自分の経験を振り返らせるこ
とができる。そのことが、これから出合うさ
まざまな場面を新たな視点でとらえることに
つながっていく。

〈事後指導〉

学級によい雰囲気が見られるときに、「今、
ヘゼリヒだね」という言葉を発して、よい雰
囲気を楽しもうとする意識を高めていく。

(足立健太郎)

あたたかい学級にしよう

8. やさしさの 「三密」

ねらい やさしさには三つの「密」があることを知り，「三密」に取り組むことで，やさしさいっぱいの学級にしていきたいという気持ちを高める。

小学校低学年
小学校中学年
小学校高学年
中学校

関連する主な内容項目　B　親切，思いやり（中学は，「思いやり，感謝」）

「やさしさの三密」とは

　授業開始と同時に，「やさしさの三密」という言葉だけを提示する。子どもたちの様子を見ながら，「三密」は仏教で使われている言葉で，日々の暮らしの中で心がけたい教えであることを伝える。その後，「身」「口」「意」とそれぞれの説明を隠してポスターを提示する。漢字1字が入ることを伝え，どんな漢字が入るかを予想させる。

出典：福岡市仏教会ポスター

　次のような言葉が出されるだろう。
・思密

・心密
・手密

　どんな意見も肯定的に受け止め，自分の意見を伝えたいという雰囲気をつくる。子どもたちが，どんな言葉が入るのか知りたくなったところで，「身」「口」「意」が入ることを伝えて発問する。

発問1 それぞれどんな意味でしょうか。

　個人で考えさせた後，グループで意見を交流させる。子どもたちは，それぞれの漢字の意味をもとに，次のような意見を発表するだろう。
【身密】
・行動で相手にやさしくすること
・側にいることで安心させてあげること
【口密】
・やさしい言葉をかけること
・人が嫌がる言葉を使わないということ
【意密】
・相手を意識して生活をすること
・自分の意見を押しつけないこと
　意見が出尽くしたところで，それぞれの意味を紹介する。

自分にできる「三密」を知る

「三密」の意味が共有できたところで次の発問をする。

> 発問2 あなたが最近クラスの友達からしてもらった「密」や，してあげた「密」はありますか。

次のような意見が出されるだろう。

【身密】
・悩んでいるときに肩に手をおいてそばにいてくれた。
・下校するとき，笑顔で手を振ってくれた。

【口密】
・友達の親切に「ありがとう」と伝えた。
・落ち込んでいるときに「大丈夫」と声をかけてもらった。

【意密】
・友達との意見が合わなかったとき，イラッとしないで相手の意見を認めるようにした。
・友達が喜ぶことをたくさん考えた。

「三密」でよりよい学級を

> 発問3 やさしさの「三密」を大切にできる学級とそうでない学級では何か違いがありそうですか。

「違いがある」「違いがない」で判断させ，挙手をさせる。少数派から理由を発表させる。この発問をすることで，子どもたちは「やさしさの三密」をするよさに気づき，実行したほうがいいという気持ちになるだろう。

最後に，やさしさの「三密」を実践している子どもの様子がわかる写真を何枚か紹介し，感想を書かせて授業を終える。

【こんな時期に活用しよう】

・子ども同士の関わりが減ってきたとき

小学校の高学年や中学生になると，友達とのトラブルを避けるために，必要以上の関わりを避けようとする子どもが増える傾向にある。そのような子どもが増えると，トラブルは減少するが，思いやりのある行動も減少し冷ややかな雰囲気になる。

そのような時期に実践することで，関わりが少ないという学級の現状や，関わりが増えることで，学級が居心地のよい場になることに気づかせることができる。安心感のある学級をつくることが，いじめのない学級をつくることにつながる。

🕐 5分でできる 🕐

① 「身」「口」「意」とそれぞれの説明を隠してポスターを提示し，少し間をおいた後，入る言葉を示す。
② 発問2をして具体的な行動を共有させた後，発問3をして，実践意欲を高める。

授業のポイント解説

〈導入〉

「身」「口」「意」を空欄にして提示をすることで，考えたいという気持ちを高めるとともに，教材への興味を高めることができる。

〈発問〉

「三密」の有無による学級の違いを問いかけることによって（発問3），「三密」のよさを子どもたちの言葉で共有させる。

〈事後指導〉

その日の帰りの会から，やさしさの「三密」をしていた子どもの様子を伝え，「三密」としてできる行動を子どもたちに気づかせることで，実践意欲を高め，意識の持続を図る。

（猪飼博子）

あたたかい学級にしよう

9. いつもありがとう！

ねらい 当たり前と思っていたことも，実は「ありがとう」と感謝したいことだったのに気づき，もっと「ありがとう」があふれる学級にしていきたいという意識を高める。

小学校低学年
小学校中学年
小学校高学年
中学校

関連する主な内容項目 B 礼儀

すてきな言葉とは？

授業開始と同時に「とてもすてきな言葉が書いてあるポスターを発見しました」と言って，左側のイラスト部分のみ提示する。

発問1 どんな言葉が書かれていたと思いますか。

思いついた言葉を自由に発表させる。次のような言葉が出されるだろう。
・マナーを守るって素晴らしい。
・マナーを守ってみんな安心。
・一人一人の行動がよい社会をつくる。
それぞれの考えを共感的に受け止めた後，「いつも立ち止まっていただきありがとうございます！」という言葉を提示し，音読させ

た後，発問する。

すてきの理由は？

発問2 どうしてこの言葉をすてきだと思ったのでしょうか。

少し自分で考えさせた後，となり同士で交流させる。
次のような考えが出されるだろう。
・立ち止まるという当たり前のことをしているのに，ありがとうと言っているから。
・マナーを守っている人に感謝しているから。
・ありがとうと言われると，マナーを守ってよかったと思えるから。

提供：名古屋市交通局

身近にある「ありがとう」

　それぞれの考えのよさを意味づけて学級全体で共有させた後，次のように板書する。

```
いつも
┌─────────────────────┐してくれて
└─────────────────────┘
ありがとうございます！
```

　発問3　学級の友達に，感謝するとしたら，どんな言葉を入れますか。

　自分の考えを書かせる。書ける子どもには「3つ以上考えてみよう」と言って，できるだけ数多く書かせる。書いていることを見てまわって，いくつか紹介し，なかなか書けない子どもの参考になるようにする。

　全員が書けたところで，何人かを指名して発表させる。次のような言葉が出されるだろう。
・黒板をきれいにしてくれて
・明るい声であいさつしてくれて
・笑わせてくれて
・遊びに誘ってくれて
　できるだけたくさん出させて，身近なところに「ありがとう」があふれていることに気づかせる。
　「先生も，ありがとうと言いたくなる姿をたくさん見せてもらって元気をもらっています」と言って次のような「ありがとう」を紹介する（できれば子どもの写真などを提示するとよい）。
・いつも真剣に話を聞いてくれて
・いつも手伝ってくれて
・いつも困っている友達に声をかけてくれて
　最後に「ありがとうがあふれる学級に成長してくれてありがとう！」と言って授業を終える。

【こんな時期に活用しよう】

・**5月の連休明けの時期**
　5月の連休明けは，子どもの気が緩んだり，やる気が低下したりする時期である。このような時期に活用することによって，友達に対する感謝の気持ちを高めたり，自分の仕事に対するやる気を高めたりすることができる。

・**学期の終わりの時期**
　学期の終わりは，自分や学級のことを振り返る時期である。そのような時期に活用することによって，自分がやってきたことが学級の役に立っていたと自覚することができ，これからも学級をよくするための行動をしていきたいという意識を高めることができる。

⏱ 5分でできる ⏱

① ポスターを提示した後，発問2をして，言葉の意味をとらえさせる。
② 発問3で，友達がしてくれたことに対する感謝の気持ちを高める。

授業のポイント解説

〈導入〉
　「とてもすてきな言葉」と伝えることによって，どんな言葉だろうという興味関心を高める。
〈発問〉
　発問2で，教師がなぜすてきだと思ったのかを考えさせることによって，深い思考を促す。発問3によって，今まで当たり前のように思っていた友達の行動が，感謝すべき行動だったことに気づかせることができる。
〈事後指導〉
　授業後は，ポスターを掲示して，「ありがとう！」と思える言動を付箋に記入して貼っていく活動を行い，意識を高める（1週間程度の期間を設定）。

（鈴木健二）

10. またあなたに会いたい

ねらい 「また会いたい」と思ってもらえる人になるためには，マナーが大切であることに気づき，マナー基本５原則を意識していきたいという気持ちを高める。

小学校低学年
小学校中学年
小学校高学年
中学校

関連する主な内容項目 B 礼儀

またあなたに会いたい

授業開始と同時に次の言葉を板書する。

> またあなたに会いたい
> 『世界に通じるマナーとコミュニケーション』
> 横手尚子・横山カズ著（岩波ジュニア新書）p.41

「ある本に書いてあった言葉です」と言って発問する。

発問1 あなたは，「また会いたい」と思ってもらいたいですか，それとも「二度と会いたくない」と思ってもらいたいですか。

ほとんどの子どもは「また会いたい」を選ぶだろう。次のような理由が出されるだろう。
・また会いたいと思われたらうれしい。
・二度と会いたくないと思われたら悲しい。
　それぞれの考えを共感的に受け止めた後，「実はこの本にまた会いたい人に近づくための大切なポイントが書かれていたのです」と言って表紙を提示する。
　子どもたちが強い興味を示したところで，「どんなことが書いてあると思いますか」と問いかける。
　表紙の言葉を手がかりに，マナーやコミュニケーションについての考えが出されるだろう。

『世界に通じるマナーとコミュニケーション』横手尚子・横山カズ 著（岩波ジュニア新書）

マナー基本５原則

　「本には，また会いたいと思われるマナーの基本が５つ挙げてありました」と言って発問する。

発問2 どんなマナーが大切だと思いますか。

　自分の考えを３つ書かせて，となり同士で交流させた後，発表させる。次のようなマナーが出されるだろう。
・あいさつ ・返事 ・お辞儀 ・言葉づかい
　「よい考えが出されましたね。さすがです」とほめた後，「マナー基本５原則」と板書して，次の５つを提示する。

┌─────────────────────────────────┐
│　　　　　マナー基本5原則　　　　　│
│　1　挨拶　　2　表情　　3　身だしなみ　│
│　4　言葉づかい　　5　態度（立ち居振舞い）│
│　　　　　　　　　　　　　前掲書 p.41　│
└─────────────────────────────────┘

また会いたくなるマナー

　基本5原則を音読させた後，「どんなあいさつでも，あいさつさえすればまた会いたいと思われますか」と問いかける。「どんなあいさつでもいいわけじゃない」という声があがるだろう。その声を受けて発問する。

　発問3　基本5原則に「また会いたくなる」ための解説をつけてみましょう。

　まず「あいさつ」について自由に考えを出させた後，グループごとに1〜5の中からテーマを決めさせ話し合わせる。

　次のような考えが出されるだろう。

【あ い さ つ】自分から笑顔で明るい声で
【表　　　情】笑顔，真剣
【身だしなみ】清潔でさっぱりした服装
【言葉づかい】思いやりを感じる言い方
【態　　　度】真剣に相手の話を聞く

　発問4　マナー基本5原則ができるようになると，どんな学級になりそうですか。

　次のような考えが出されるだろう。

・安心できる学級になる。
・明るい学級になる。

　最後に「すてきな学級になりそうですね」と言って授業を終える。

→ p.44　コラム　1時間の道徳授業に発展

【こんな時期に活用しよう】

・学級がスタートして間もない時期

　学級がスタートして間もない時期は，不安を抱えている子どもも多い。そこで，マナーを大切にしていこうとする意識を高めることによって，安心して過ごせる学級になりそうだという気持ちをもたせたい。

・各学期の始まりの時期

　学期の始まりの時期は，長期休みの影響などで友達に対するマナーが低下しやすい。このような時期に活用することによって，友達に対するマナーを見直し，よい関係をつくっていこうとする意識を高めることができる。

⏱ 5分でできる ⏱

① 「またあなたに会いたい」という言葉を提示して発問1をする。
② 本の表紙を提示してマナー基本5原則を知らせ，発問3をする。

授業のポイント解説

〈導入〉

　「またあなたに会いたい」という言葉を提示した後，発問1をすることによって，ほとんどの子どもが「また会いたい」と思ってもらいたいと考えていることに気づかせ，どうしたらそのようになれるのだろうという問題意識を高める。

〈発問〉

　発問4で，マナー基本5原則を大切にすることが，よりよい学級につながることを印象づけ，実践意欲を高める。

〈事後指導〉

　子どもたちが考えた基本5原則の解説は短冊に書かせて教室に掲示し，子どもたちの言動と関連づけて活用していく。

（鈴木健二）

11. なにかボクにできるコトは…

ねらい 誰かの困り感に気づいて行動できる人が増えると，あたたかく優しい学級になることに気づき，自分もそのような人になりたいという気持ちを高める。

小学校低学年
小学校中学年
小学校高学年
中学校

関連する主な内容項目 B 親切，思いやり（中学は，「思いやり，感謝」）

男の子の「すごい」ところ

「新聞を読んでいたら，『すごいなぁ』と思う男の子を見つけました」と言って，4コマ漫画の一コマ目を見せ，左下の男の子に注目させる。その後，「みんなは，この男の子の『すごい』ところを見つけられるかな」と言って，どんな展開になるのかを予想させながら，2，3，4コマ目と順に見せる。そして，発問する。

「毎日新聞」2019年9月6日付夕刊

発問1 この子のすごいところは，どこでしょうか。

次のような考えが出されるだろう。

・おばあさんの姿を見て，「なにかボクにできるコトはないか」と考え，行動しているところ
・おばあさんの姿を見て，「たった10センチが大変な人もいるんだ」と気づくところ
・足が不自由な人たちみんなが入りやすいようにお願いしているところ

「そんなところまで気づけてすごいですね」と子どもたちの気づきをほめながら，「先生はここがすごいと思いました」と言って，次の2つを提示する。

①自分にとっては大変ではない段差を，大変だと思う人がいることに気づいているところ
②自分は困っていなくても，困っている人を見て「何かできることはないか」を考え，行動しているところ

発問2 この子のような人がたくさんいる学級は，どんな学級になると思いますか。

どんな学級になりそう？

自分の考えを書かせ，となり同士で交流させた後，発表させる。次のような考えが出されるだろう。

・誰かが困っていることに気づいて，何かできないかなと考えてくれるから，優しい学級になると思う。
・この子みたいに優しい人がたくさんいると，あたたかい学級になると思う。
・困ったときに助けてくれる子がいるとうれしいから，居心地がいい学級になると思う。

子どもの考えを聞きながら，どんな学級になるかだけでなく，どうしてそう思ったのか，理由も合わせて発表させるとよい。

困り感に気づいて行動してくれる子

「このような子がいると，とても素敵な学級になりそうですね」と子どもたちの考えを受け止め，発問する。

> 発問3 この学級には，このような子がいるでしょうか。

発表できそうな子がいれば，発表させる。すぐに出てこなければ，教師が見つけた子どもの姿を紹介する。たとえば，
・届きにくいところに置いてあったものを，みんなが取りやすいところに置きなおしてくれた子
・「○○さんがこんなことに困っていました」と教えに来てくれた子
といった姿を提示し，子どもたちにどんなところが素敵かを発表させながら紹介する。

最後に「これからこのような子がこの学級にも増えるとうれしいですね」と伝えて授業を終える。

【こんな時期に活用しよう】

・新しい学級に慣れ始めたころ

新しい学級に慣れ始めたころに活用することによって，自分や友達の姿を振り返りながら，学級をさらによくしていきたいという気持ちを高めることができる。

・友達の困り感に気づき，行動した子を見つけたとき

漫画に登場する男の子のような行動をしていた子を見つけたときに活用することで，その子のよさを学級全体で共有できる。

⏱ 5分でできる ⏱

① 4コマ漫画を提示した後，発問1で「男の子のすごいところはどこか」を考えさせる。
② 発問3で，「この学級にもこの子のような人がいるか」を考えさせる。
③ 教師が見つけた子どもの姿を紹介する。

授業のポイント解説

〈導入〉

「男の子のすごいところを見つけられるか」と伝えてから4コマ漫画を1コマずつ提示することで，子どもたち自身で男の子のすごいところを見つけられるようにする。

〈発問〉

発問2で，困り感に気づいて行動できる子どもがたくさんいる学級の素晴らしい姿を思い描かせ，よい学級をつくっていきたいという意識を高める。

〈事後指導〉

授業後に，困り感に気づいて行動している子を見つけたら，「あの男の子よりも素敵ですね」とほめたり，学級で紹介したりして，男の子のような人が学級に増えていることを全体で共有する。

(平井百合絵)

あたたかい学級にしよう

12. 苦手な人と話してみると……？

ねらい 苦手な人との会話は自分の考え方の幅を広げてくれることに気づき，いろいろな人との関わりを大事にしようとする意識を高める。

小学校低学年
小学校中学年
小学校高学年
中学校

関連する主な内容項目 B 相互理解，寛容

苦手な人と話してみると…？

　授業の開始と同時に，次の言葉を提示する。ただし，「苦手」の部分は隠しておく。

> 苦手な人との会話は，
> きみの考えかたのはばを広げてくれる

発問1 どんな人との会話が，考え方の幅を広げてくれるのでしょうか。

　次のような考えが出されるだろう。
・たくさんの人　・頭のいい人
・自分と違う考えをもっている人
　ある程度意見が出尽くしたところで，「苦手な人」であることを伝える。そして，「なぜ，苦手な人との会話が，考え方の幅を広げてくれるのでしょうか」と疑問をもたせた後，本の一部を提示する。
　最初は真ん中のイラストと，男の子の4つのふきだしのみを提示し，ふきだしの横に書かれている考え方の部分は隠して発問する。

発問2 苦手な人と話してみると，どんなことに気づけそうですか。

出典：満点ゲットシリーズせいかつプラス『ちびまる子ちゃんの友だちづき合い』監修／沼田晶弘（集英社）© さくらプロダクション

　男の子のふきだしの言葉をヒントにしながら，苦手な人と話してみることでどんなことに気づけるのかを考えさせる。その際，グループで相談させながら，考えをまとめさせる。次のような考えが出されるだろう。
・自分が大事にしている考え方に気づくことができる。
・今まで気づかなかったその人のよさに気づくことができる。
・自分の伝え方に問題はなかったか気づかせ

てくれる。

　意見が出尽くしたところで，隠していた考え方の部分を提示し，発問する。

> 発問3 この中で，特に「なるほどな」と思った考え方はどれですか。

　4つの中から1つ選ばせ，その理由を書かせる。どの考え方を選んだか挙手で把握し理由を発表させる。

人と上手につき合う力を伸ばす，大事な経験

> 発問4 このように考え方を広げることができると，どんな人になれそうですか。

　次のような考えが出されるだろう。
・いろいろな考え方を受け止められる，心が広い人
・いろいろな考え方ができる優しい人
　子どもたちの意見を共感的に受け止めた後，「本にはこんなことが書かれていました」と言って，本の一節を紹介する。

> 　苦手な人は，いてあたりまえ
> 人にはそれぞれ個性があるから，気の合わない人がいるのはしかたがないこと。
> 　　　　　　　　　　　　（前掲書 p.48 より）

> この経験（苦手な人との会話）が，人と上手につき合う力をのばしてくれるよ！
> 　　　　　（前掲書 p.49 より。括弧内は筆者）

　最後に，今日の授業で学んだことを書かせて，授業を終える。

【こんな時期に活用しよう】

・友達関係に偏りが出始めたとき
　仲の良いグループができ，友達関係に偏りが出始めたときに活用することによって，いろいろな人との関わりを大事にしようとする考え方を，学級で共有することができる。

・人間関係に気になる様子が見られるとき
　苦手な人と関わらないような言動が少しでも気になったときに活用することによって，苦手な人との関わり方を学ばせることができる。

⏱ 5分でできる ⏱

① 　本の一部を提示し，発問2で「苦手な人と話すことで，どんなことに気づけそうか」を考えさせる。
② 　発問4で「どんな人になれそうか」を考えさせる。

授業のポイント解説

〈導入〉
　導入で「苦手」の部分を隠して提示することで，意外性を演出し，なぜ苦手な人なのか，という興味をもたせる。

〈発問〉
　発問4で，どんな人になれそうかを考えさせることで，いろいろな人と話すことが自分の考え方を広げることができることに気づく。

〈事後指導〉
　朝の会で1週間に1回程度「いろいろな人と話してみよう！」コーナーを設定し，あまり話したことがない人と話をする機会をつくる。話した結果を学級全体で共有することによって，いろいろな人と話すことのよさを実感させていく。

　　　　　　　　　　　　　　（平井百合絵）

あたたかい学級にしよう

13. 陽口（ひなたぐち）のあふれる学級にしよう

ねらい 本人のいないところでほめる「陽口」という言葉を発するよさを知り、日ごろから「陽口」を言葉にすることであたたかい学級をつくっていきたいという気持ちを高める。

小学校低学年
小学校中学年
小学校高学年
中学校

関連する主な内容項目 B 親切, 思いやり（中学は,「思いやり, 感謝」）

陽口（ひなたぐち）という言葉を知る

授業開始と同時に、次のポスターの下半分だけを提示し、気づいたことを発表させる。

第64回福井県総合美術展デザイン部門県美展審査員特別賞　沼田菫 作

次のような意見が出されるだろう。
・陰口という言葉が逆になっている。
・青いところに言葉が浮かんでいる。
・口という字が半分になっている。

考えが出尽くしたところで、ポスターの下部に「陰口」という言葉が書かれていることを確認する。その後、「『陰口』の意味を知っていますか」と尋ね、知っている子に発表さ

せる。「陰口」の意味（「本人がいないところで悪口を言うこと」）を全体で共有した後、発問する。

発問1 「陰口」の反対の意味を表す言葉を知っていますか。

知っている子どもはいないだろう。そこで、「『陰口』という言葉をもとに、考えてみましょう」と声をかけ、グループで相談をさせる。
次のような意見が出されるだろう。
・太陽口
・明るい口
・日なた口

考えが出尽くしたところでポスターの上部を提示して、意味（「本人のいないところでほめること」）を伝える。

陽口をするよさとは？

「先生は『陽口』の言葉の意味を知ったとき、不思議だなと思いました」と言う。教師の言葉によって、子どもたちは、「陽口」の言葉の意味に疑問を持ち始めるだろう。そこで、発問をする。

発問2 本人のいないところでほめて，何かいいことがあるのでしょうか。

　個人で考えさせた後，グループで交流をさせ，代表者に一番紹介したい意見を発表させる。次のような意見が出されるだろう。
・本人がいなくても，人伝てでほめたことが伝わって，その結果本人が喜ぶ。
・人のいいところは聞いていても気分がいいから，その場の雰囲気がよくなる。
　意見が出尽くしたところで，SNSで以下のようなつぶやきがあったことを紹介する。

陽口（ひなたぐち）という言葉を知った。本人がいないところで，その人を褒める言葉らしい。陰口と同じで使うと何倍にも膨れ上がって相手に届き，その後自分に返ってくる。どうせならお互いが生きててうれしくなるような言葉を贈り合いっこしたい。

陽口を言うと，その後自分に返ってくる？

発問3 「その後自分に返ってくる」とは，どういうことでしょうか。

　次のような意見が出されるだろう。
・陽口を言った人に「人をほめることができる素敵な人」という評価が返ってくるということ。
・陽口を聞いた人が，陽口を言っている人のよさを周りに伝えて，それが陽口を言った人に届くということ。
　最後に「これからどんな陽口が聞こえてくるのか楽しみです」と言って授業を終える。

【こんな時期に活用しよう】

・4月の学級びらき
　4月の学級びらきで実施すれば，「友達のいいところに目を向けよう」という行動基準となる意識をもたせることができ，悪口から始まるいじめを未然に防ぐことができる。

・他者の悪い点ばかり気にするようになったとき
　陰口は，他者の悪い点にばかり目がいってしまうような雰囲気から始まることが多い。そこで，子どもたちが，他者のよい行いには目を向けず，悪い行いにばかり目を向けるようになったときに実施し，陽口があふれる学級にしていくことができる。

🕐 **5分でできる** 🕐

① ポスター提示後，発問1をして，「陽口（ひなたぐち）」を紹介する。
② 発問2をして，陽口のよさに気づかせ，その後SNSを紹介する。

授業のポイント解説

〈導入〉
　ポスターの下半分をゆっくり提示していくことにより，教材への興味関心を高める。
〈発問〉
　発問2で，本人のいないところでほめるよさを交流させることにより，陽口のもつ大きな効果に気づかせる。
〈事後指導〉
　他者をほめるためには，ほめる視点を知らなければ，ほめることはできない。そこで，授業を実施した日の帰りの会や，翌日の朝の会から，他者から聞いた陽口の内容を紹介させる活動を行う。さらに朝の会や帰りの会で出た陽口を学級通信などで紹介することによって，ほめる視点を家庭と共有し，家庭でもほめ合うことが増えるようにしたい。

（猪飼博子）

「10.またあなたに会いたい」の授業

あいさつの達人になるポイントは？

発問3で，子どもたちが考えた「また会いたくなる」ための解説を共感的に受け止めた後，次のように言う。

「この本には，あいさつの達人になるためのポイントが4つ書かれていました。どんなポイントかわかりますか」

子どもたちが興味をもったところで，「"あ・い・さ・つ"がヒントになっています」と言って，「あ・い・さ・つ」と板書する。

ピンとこない場合には「"あ"は"あかるく"です」と言って板書につけ加える。これで「わかった！」という子どもがたくさん出てくるだろう。発言させた後，次のように提示する。

あかるく（相手の目を見て笑顔で明るく元気に！）

いつでも（いつでも忘れずに！）

さきに（先手必勝！ 自分から先に！）

つづけて（毎日続けて！ ひと言続けて！）

『世界に通じるマナーとコミュニケーション』横手尚子・横山カズ 著（岩波ジュニア新書）p.42

ひと言続けるあいさつとは？

音読させた後，発問する。

発問3−2 「ひと言続けて！」とはどういうことでしょうか。

「おはよう」と言った後に何か言葉を続けるのではないかと気づく子どもがいるだろう。そこで「さすがですね」とほめて「どんな言葉を続けるといいでしょうか」と問いかけ，考えを出させる。

発問3−3 あなたは，どのポイントを特に大切にしていきたいですか。

自分なりに大切にしていきたいポイントを決めさせた後，「あいさつの達人がたくさん現れそうですね」とうれしそうに話し，発問4をして授業を終える。

第3章

いじめと向き合おう

いじめと向き合おう

1. 同調はいじめ

ねらい 同調して言ってしまった「うぜぇ」という言葉も「いじめ」になることを明確に認識し，同調しない心をもちたいという意識を高める。

小学校低学年
小学校中学年
小学校高学年
中学校

関連する主な内容項目 C 公正，公平，社会正義

仕方なく言ってもいじめか？

授業開始と同時に「アイツうぜぇ」を空欄にして右の言葉を提示する。

空欄に当てはまりそうな言葉を考えさせて発表させる。

> クラスメイトが
> アイツうぜぇと言う。
> 僕も言わないと
> 僕がいじめられる。

出典：平成26年度愛知県
人権啓発ポスター（一部）

次のような言葉が出されるだろう。

・あっちに行け
・おまえなんかきらいだ
・ダサい

出尽くしたところで空欄の言葉を提示する。

発問1 僕が言った「うぜぇ」は「いじめ」になるのでしょうか。

「いじめになる」「いじめにならない」のどちらかを選ばせた後，数人に理由を発表させる。次のような考えが出されるだろう。

【いじめにならない派】

・"僕"は本当は言いたくないのに，言わされているから，いじめにならない。

・「うぜぇ」と言わなかったら，"僕"がみんなからいじめられるから仕方ない。

【いじめになる派】

・どんな理由であろうと，悪口を言ったことには変わりがないから。

・言われたほうは味方がいないと思うので，「いじめ」になる。

いじめとは？

発問2 実は，どんなことが「いじめ」になるか法律で定められています。知っていますか。

知らないという子どもが多いだろう。

そこで，次の条文を提示する。

「児童等に対して，当該児童等が在籍する学校に在籍している等当該児童等と一定の人的関係にある他の児童等が行う心理的又は物理的な影響を与える行為（インターネットを通じて行われるものを含む。）であって，当該行為の対象となった児童等が心身の苦痛を感じているもの」

（いじめ防止対策推進法 第二条）

「よくわからない」という子どもが多いだろう。そこで，教材全体を提示して，「された人が，つらい・悲しい・痛いなどの心身の苦痛を感じるものはすべていじめである」と説明して，再度発問1をする。ほとんどの子どもが，僕の言った「うぜぇ」もいじめになると考えるだろう。

前掲ポスター（全体）

同調圧力に負けないために

「誰かが言っている悪口に合わせて自分も悪口を言ってしまうことを何と言うか知っていますか」と問いかけ，少し間をおいて，「同調」と板書する。音読させた後，発問する。

> **発問3** 悪口に同調してしまう人をどう思いますか。

次のような考えが出されるだろう。
・言われた人の気持ちを考えない人
・自分だけ助かればいいと思っている人

そこで「悪口に同調する人になりたい人」と問いかける。挙手する子どもはいないだろう。「さすが○年○組ですね」と共感的に受け止めて発問する。

> **発問4** 悪口に同調しない心をもつためにはどうしたらいいでしょうか。

自分にできそうなことや心がけたいことを書かせて授業を終える。

【こんな時期に活用しよう】

・**友達関係が固定化し始めた時期**

新年度がスタートして1カ月くらい経つと，友達関係も固定化されて，言動がきつくなる子どもが現れ始める。このような時期に行うことで自分自身の言動を見直す機会にできる。

・**いじめの兆候が出始めた時期**

友達をからかう子どもに同調して同じようにからかう子どもが現れるなど，いじめにつながる兆候が出始めた時期に活用することによって，同調はよくないという意識を高めることができる。

⏱ 5分でできる ⏱

① 冒頭の言葉を提示して発問1をする。
② 同調という言葉を教えた後，発問3をし，「悪口に同調する人になりたくない」ことを確認して授業を終える。

授業のポイント解説

〈導入〉

ポスターの言葉の一部を空欄にして提示し，「うぜぇ」という言葉を印象づける。

〈発問〉

発問1によって，言いたくなくても言ってしまったら「いじめ」になることをしっかり押さえる。発問3で悪口に同調してしまう人を批判的にとらえさせ，発問4で同調してしまいがちになる自分の心と向き合わせる。

〈事後指導〉

悪口に同調せず，やめさせようとする子どもが現れたら，その勇気を大いに賞賛し，同調しない雰囲気を広げていく。

（藤髙英一）

いじめと向き合おう

2. もっとよく見て

ねらい 友達の悩みは，表面だけを見ていてはわかりにくいことに気づき，「もっとよく見て」手を差し伸べていくことができるようになりたいという意識を高める。

小学校低学年
小学校中学年
小学校高学年
中学校

関連する主な内容項目 C よりよい学校生活，集団生活の充実

ポスターが伝えたいこと

授業開始と同時に，「あるポスターのイラストを見てください」と言って，襟から上の顔の部分だけ提示し（ポスターの上と右横の文，髪の毛の中の「消えろ」の文字はぼかしておく），「気づいたこと」を発表させる。

出典：第8回「いじめ・自殺防止」ポスターコンテスト最優秀賞（大澄琉歌 作）

「ほほえんでいる」「うれしそう」「何かいいことがあったのかな」などという考えが出されるだろう。出された気づきを共感的に受け止めた後，「このポスターには，こんな言葉が書かれていました」と言って，「今，いじめられています。だれか助けてください。」という言葉を提示する。驚く子どもも多いだろう。

そこで，ポスターの全体像を提示して，書かれている言葉に気づかせていく。

発問1 このポスターが伝えたいことはどんなことでしょうか。

自分で考えさせた後，近くの子どもと話し合わせる。次のような考えが出されるだろう。
・表情だけで判断すると，本当の気持ちに気づかない。
・友達の様子をもっとよく見ることが悩みに気づくことにつながる。

あなたは気づけていますか？

「遠くからじゃ分からない。あなたは気づけていますか？」という言葉を音読させた後，発問する。

発問2 「遠くからじゃ分からない」というのは，遠い，近いという距離のことですか。

次のような考えが出されるだろう。

・遠い，近いという距離ではなく，心の距離のことではないか。
・その人のことをどれくらい思っているかということではないか。

それぞれの考えのよさを受け止めて発問する。

発問3 あなたは友達の悩みに気づけているという自信がありますか。

4段階（4…よく気づけている　3…まあまあ気づけている　2…あまり気づけていない　1…全然気づけていない）で自分のことを振り返らせる。

「もっとよく見て」とは？

「気づくことができるようになるためのヒントとして"もっとよく見て"という言葉がありますね」と言って発問する。

発問4 「もっとよく見て」とはどういうことでしょうか。

自分の考えを書かせて，グループで交流させた後，発表させる。次のような考えが出されるだろう。

・普段とちょっと違う様子に気づくこと
・無理して明るくふるまっているのではないかと考えてみること
・ちょっとした瞬間のさみしそうな様子に気づくこと

「『もっとよく見る』人が増えたら，安心できる学級になりそうですね」と言って授業を終える。

【こんな時期に活用しよう】

・学級がスタートして間もない時期

学級がスタートして間もない時期は，学級になかなか馴染めないで，悩んでいる子どもや自分の思っていることを上手く伝えられない子どももいる。そのような目立たない友達に目を向けさせて，安心感のある学級にしていきたい。

・長期休み明けの時期

長期休み明けの時期は，生活のリズムの乱れなどにより，精神的に不調な子どもも見られる。そのような友達のちょっとした変化に気づこうとする意識を高めることによって，不調を乗り越えられるようにしていきたい。

⏱ 5分でできる ⏱

① 言葉をぼかしてイラストのみ提示し，気づいたことを発表させる。
② ポスター全体を提示して発問1をした後，発問4をする。

授業のポイント解説

〈導入〉

ほほえんでいる少女の表情と気持ちのギャップに気づかせることでインパクトのある教材との出合いを工夫する。

〈発問〉

ポスターの言葉の意味を掘り下げる発問をすることによって（発問2・発問4），ポスターからの深い学びを促し，認識の変容につなげる。

〈事後指導〉

友達のちょっとした表情や言動に気づいて声をかけている子どもをキャッチして，学級全体に紹介し，「もっとよく見よう」とする意識を浸透させていく。

（山岸直美）

いじめと向き合おう

3. いじめをなくす少しの勇気

ねらい さまざまな人の少しの勇気が，いじめをなくしていくことに気づき，勇気を必要としている人のために，自分も少しの勇気を出していきたいという気持ちを高める。

小学校低学年
小学校中学年
小学校高学年
中学校

関連する主な内容項目 C 公正，公平，社会正義

いじめは身近にある

授業開始と同時に以下のポスターの写真だけを提示する（言葉の部分は隠しておく）。

出典：香川県・香川県人権啓発推進会議

しばらく静かに写真と向き合わせた後，気づいたことや考えたことを発表させる。次のような意見が出されるだろう。

・シューズにらくがきがある。
・片方しかシューズがない。
・ウザイという言葉が書かれている。
・いじめられているのかな。

子どもたちの意見を一つ一つ丁寧に聞き，

深刻な教材を扱っているという雰囲気をつくる。その後，写真がポスターの一部であることや，ポスターに言葉がついていることを伝え，発問する。

発問1 どんな言葉がついているでしょう。

次のような考えが出されるだろう。
・いじめはやめよう。
・本人が見たら悲しむよ。
・自分のシューズがされたと考えて。

個人で考えさせた後，その言葉を考えた理由と共に，グループで意見交流をさせる。グループの代表者に，一番心に残った言葉を理由と共に発表させる。

その後，ポスターについている言葉「いじめている子にも，いじめられている子にも，何も言えなかった。」を提示する。

その後，「いじめを発見した子が何も言えないという気持ちはわかるか」と問い，子どもたちに，いじめの深刻さをとらえさせる。

いじめをなくす方法を考える

このポスターには，さらに言葉がついてい

ることを伝え，「勇気」を隠して，提示する。自分なら，どんな言葉を入れるかを考えさせ，グループで紹介し合う。いじめをなくす方法をイメージさせたところで，ポスターの言葉を紹介して発問する。

> **発問2** 少しの勇気とは，誰の勇気でしょうか。その人は，どんな勇気を出すといいのでしょうか。

次のような意見が出されるだろう。
・気づいた人が，大人に伝える勇気。
・一緒にやっている人が，やめようと仲間に言える勇気。
・いじめられている人が，助けてと言う勇気。
　個人で考えさせた後，グループで意見を交流させ，あらゆる勇気を考えさせる。
　その後，次の発問をする。

> **発問3** いじめをなくすには，特にどの勇気が大切でしょうか。

自分なりに考えさせ，ノートに書かせた後，グループで交流させる。

身近な問題として考える

> **発問4** このクラスに誰かの勇気を必要としている人はいませんか。

ほとんどの子どもは「いる」と考えるだろう。そこで，勇気を必要としている人のために自分ができる少しの勇気をノートに書かせる。それぞれの子どもの「少しの勇気」を学級通信で紹介し，学級全体で共有できるようにする。

【こんな時期に活用しよう】

・人権教育週間
　ちょっとしたいじめやいやがらせはどの学級にも存在する。早い段階で誰かが勇気を出すことが深刻ないじめへの発展を防ぐことにつながる。人権教育週間などの時期に，多くの学級でこの教材を取り上げて取り組むことで，一人一人の子どもの人権を守っていこうとする意識を学校全体で高めることができる。

・小さなトラブルが目立ち始めた時期
　学級では小さなトラブルが日々発生する。そのようなトラブルが目立ち始めた時期に先手を打ってこの教材を活用することによって，小さな勇気を発揮しやすい雰囲気をつくり，居心地のよい学級にしていきたい。

⏱ 5分でできる ⏱
① ポスターの写真だけ提示して気づいたことを発表させる。
② ポスターの言葉を考えさせた後，「少しの勇気で…」という言葉を提示し，発問2をする。

授業のポイント解説

〈導入〉
　授業の冒頭で，ポスターの写真と静かに向き合わせることで，いじめの悲惨さを心に刻み込むようにしたい。
〈発問〉
　少しの勇気について多様な考えを出させた後，発問3で「特にどの勇気が大切か」と問うことにより，勇気に対する認識を深めていく。
〈事後指導〉
　ポスターと共に，発問2で出た意見を掲示し，少しの勇気を出していこうとする意識を持続させていく。

（猪飼博子）

4. いじめてると思っていない

ねらい いじめで一番こわいことは，いじめてると思っていないでやっていることであることに気づき，学級からいじめをなくしていきたいという意識を高める。

小学校低学年
小学校中学年
小学校高学年
中学校

関連する主な内容項目 C 公正，公平，社会正義

一番こわいのは？

授業開始と同時に「これから文部科学大臣賞に選ばれた標語を見せます」と言って右の標語を提示する（「いじめてる」は空欄にしておく）。

空欄に入る言葉を考えさせて発表させる。次のような言葉が出されるだろう。

・友達だ
・仲間だ
・いじめている

考えが出尽くしたところで，「いじめてる」であることを知らせる。

文部科学
大臣賞

一番こわいのは、
いじめてると思っていないこと

宮城県　石巻市立　鹿又小学校　2年

出典：「第14回いじめ防止標語コンテスト」全国賞作品発表ポスター（一部）

いじめていると思っていない？

標語を音読させた後，発問する。

発問1 いじめているのに，いじめていると思っていないということがあると思いますか。

あると思えば○，そんなことはないと思えば×を選ばせ，理由を書かせる。

少数派から発表させる。

【○派】

・ちょっとからかっているだけだと思っていれば，いじめていると思わないから。
・相手があまりいやな顔をしなければ，いじめていると思わないから。

【×派】

・自分がされたらいやなことをしているということはわかるはずだから。
・いじめだとわかっていても気づかないふりをしているだけだと思うから。

一番こわい？

再度，標語を音読させて発問する。

発問2 もしいじめていると思っていないでいじめているとしたら，それは一番こわいことですか。

自分の考えを書かせた後，となり同士で交流させる。友達の意見も参考にしてもう一度考えさせた後，発表させる。次のような考えが出されるだろう。

・いじめていると思っていなければ罪の意識もなく，エスカレートしてしまうかもしれ

ないのでこわい。

・いじめていると思っていれば，後ろめたさがあるので，そのうちやめるかもしれないけど，いじめていると思っていなければ，なかなかやめないと思うので，こわい。

自覚させる方法は？

「いじめていると思っていないでいじめている人をそのままにしておくと大変なことになりそうですね」と言って発問する。

> 発問3　いじめていると思っていない人にいじめていると自覚させる方法があると思いますか。

あると思えば○，ないと思えば×を選ばせて理由を書かせる。

ほとんどの子どもは，○を選ぶだろう。

次のような理由が出されるだろう。

・周りの人が少し勇気を出して，それはいじめだよと伝える。

・いやな気持ちになっていると聞いたよといじめられている人の気持ちを伝える。

・学級全体で，どんなことがいじめになるのかをたくさん出し合って，自分のしていることはいじめであることに気づかせる。

どれも素晴らしい考えであることを伝える。

こんな標語も

「『第14回いじめ防止標語コンテスト』全国賞作品発表ポスターには，このような標語もありました」と次の2つを提示する。

いじめとは　知らなかったと　言わせない

「それくらい」　その考えが　連鎖する

音読させて授業を終える。

【こんな時期に活用しよう】

・からかいなどが目立ち始める時期

友達関係が慣れてくると，ちょっとしたことでからかわれる子どもが特定されてくるようになる。軽い気持ちでからかっていたとしても一歩間違えばいじめに発展してしまう危険性もある。この教材を活用してからかう側の子どもの気持ちを引き締めるようにしたい。

・教育相談を実施する前の時期

教育相談ではなかなか子どもの悩みがあがってこないことも多い。そこで，教育相談を実施する前にこの授業を行うことによって，ちょっとしたからかいや悪口などに対する意識を高め，悩みが出やすいようにしておくと早く手を打つことができるようになる。

⏱ **5分でできる** ⏱

① 「いじめてる」を空欄にして標語を提示した後，発問2をする。

② 発問3で自覚させる方法を考えさせた後，2つの標語を紹介する。

授業のポイント解説

〈導入〉

「文部科学大臣賞に選ばれた標語」という紹介をすることによって，どんな標語だろうという興味関心を高めた後，キーワード（いじめてる）を空欄にして提示する。

〈発問〉

発問2によって，いじめているという意識がないまま行っている行為がひどいいじめに発展していく危険性をはらんでいることに気づかせる。

〈事後指導〉

学級活動の時間などを活用して標語を作らせ，「○年○組いじめ防止標語ポスター」を作成し（学年で取り組むとより効果的），教室や廊下などに掲示して意識の持続を図る。

（吉田綾子）

いじめと向き合おう

5. いじめをやっつける

ねらい いじめには，加害者・被害者・傍観者の立場があることを知り，それぞれの立場でいじめをやっつけるためにどのようなことができるかを考え，いじめに立ち向かっていこうとする気持ちを高める。

小学校低学年
小学校中学年
小学校高学年
中学校

関連する主な内容項目 C 公正，公平，社会正義

いじめをやっつける

授業開始と同時に「こんな本を見つけました」と言って本の表紙を提示し（「いじめ」の言葉は空欄にしておく），空欄に入る言葉を考えさせる。

『いじめをやっつける本』
ミッシェル・エリオット 著（小学館）

次のような考えが出されるだろう。

・悪い人
・大人
・弱い心
・いじめ

出された考えを共感的に受け止めた後，「い

じめ」であることを伝える。

誰がいじめをやっつける？

いじめに関わる人には「加害者・被害者・傍観者」（それぞれの意味を説明する）がいることを伝えて発問する。

発問1 この本は加害者，被害者，傍観者の誰に向けて書かれたものだと思いますか。

加害者，被害者，傍観者の中から選ばせ，理由を書かせる。考えを書くことができた子どもからグループで意見交流をさせる。その後，それぞれの立場から1〜2名ずつ理由を発表させる。次のような理由が出されるだろう。

加害者：自分のなかにある，弱い気持ちをやっつけることができれば，いじめもやっつけることができると思うから。

被害者：いじめられているときにどんなことをすればよいかがわかると，いじめをやっつけることができるから。

傍観者：人数が一番多くて，いじめをやっつ

けやすいと思うから。

出された考えに対する意見を聞いて，学級全体で共有する。

もし本を書くとしたら

どの立場でもいじめをやっつけることができる可能性があることを確認し，次の発問をする。

発問2 もし，あなたが，『いじめをやっつける本』を書くとしたら，どんなことを書きますか。

加害者，被害者，傍観者のどの立場に向けて書くのかを決めさせてから，内容を考えさせる。

考えを書くことができた子どもからグループで意見交流をさせる。グループの中で本に載せたいと思う考えベスト1を決めさせて学級全体に発表させる。

次のような意見が出されるだろう。

加害者：相手の気持ちを考えよう。
　　　　本当の友達がいなくなる。
被害者：勇気をもって行動しよう。
　　　　大人や友達に相談しよう。
傍観者：見て見ぬふりをしない。
　　　　みんなで言えば大丈夫。

出された考えを板書した後，発問する。

発問3 今のあなたは，ここで出された考えを行動に移せていますか。

4点満点で今の自分について振り返りをさせる。理由も書かせ，どうすれば今より点数が上がるかを考えさせ，授業を終える。

【こんな時期に活用しよう】

・いじめをテーマとした教科書教材を扱う時期

いじめをテーマとした教科書教材を使うときに導入で活用した後，「これから読む話にはいじめが出てきます。登場人物にどんなアドバイスをしたらいいか考えながら読みましょう」と言う。こうすることによって，教科書教材に対する問題意識が高まり，授業が深まっていく。

・いじめに関わる立場には3つあることに気づかせたい時期

いじめというと，加害者ばかりに意識が向きがちである。そのような意識をもっている子どもたちにこの教材を活用することによって，自分自身もいじめの当事者であることに気づかせることができる。

5分でできる

① 本の表紙を提示して，空欄の言葉を考えさせた後，発問1をする。
② 発問2をして，加害者，被害者，傍観者に対する意識を高める。

授業のポイント解説

〈導入〉

「いじめ」を空欄にして提示することによって，「やっつける」という言葉を印象づける。

〈発問〉

発問2によって，いじめには加害者，被害者，傍観者の三者がいて，それぞれでできることがあることに気づかせていく。

〈事後指導〉

この授業の後は，毎月初めに発問3を問いかけ，長期的な意識の持続を図り，いじめの発生を抑制していきたい。

（新田裕樹）

いじめと向き合おう

6. いじめをやめられない大人たち

ねらい 大人の世界でもいじめが起きていることを知り，そのような大人になりたくないという気持ちを高める。

小学校低学年
小学校中学年
小学校高学年
中学校

関連する主な内容項目 A 善悪の判断，自律，自由と責任
（中学は，「自主，自律，自由と責任」）

いじめをやめられない大人たち

授業開始と同時に，次の本の表紙を「いじめ」という言葉を隠して提示し，「どんな言葉が入ると思いますか」と問いかける。

『いじめをやめられない大人たち』
木原克直 著（ポプラ社）

次のような意見が出されるだろう。
・たばこ　　　・お酒
・かけごと　　・ゲーム

どんな意見も肯定的に受け止め，意見を発表しやすい雰囲気をつくる。

意見が出尽くしたところで，「いじめ」が入ることを伝える。子どもたちは，予想外の言葉に驚くだろう。子どもたちの気持ちが落ち着いたところで発問する。

発問1 そんな大人（いじめをやめられない大人たち）をどう思いますか。

個人で考えさせた後，グループで交流させ，グループの代表者に，一番心に残った意見を発表させる。

・大人は子どものお手本でないといけないのに，いじめをするなんて信じられない。
・同じ人間として恥ずかしい。
・大人は子どもよりもよいことと悪いことの判断ができるはずなのに，どうしていじめてしまう人がいるんだろう。

「そんな大人にならない！」という自信は？

いじめをやめられない大人たちに強烈な批判を抱いている子どもたちが，自分事としてとらえられるよう，「未来の自分」を想像させる発問をする。

発問2 「そんな大人にはならない！」と胸を張って言えますか。

56

4段階（堂々と言える…4，まあまあ言える…3，あまり言えない…2，言えない…1）で判断させ，理由と共に発表させる。

　次のような意見が出されるだろう。

【堂々と言える・まあまあ言える】

・人が嫌がるようなことを現在していないから，きっと未来もしていないと思う。

・いじめは絶対にしないという強い気持ちをもっているから，未来の自分もしていないと思う。

【あまり言えない・言えない】

・時々，友達の悪口を言ってしまうときがあるから，もしかしたら未来の自分も言っているかもしれない。

・腹が立つと自分の気持ちを抑えられないときがあって，それが大人になるまでに，改善できるか自信がないから。

そんな大人にならないために

　発問3　そんな大人にならないために今からできることはありますか。

　個人で考えさせた後，グループで交流をさせる。次のような意見が出されるだろう。

・相手の気持ちを考えて行動するように心がける。

・思いやりの気持ちを大切にする。

・「いじめは絶対にしない」といつも思いながら生活をする。

・自分の気持ちをコントロールする力を身につける。

　最後に，学級全体から出た意見の中から，自分にもできそうなものを3つ選ばせ，学んだことと共にノートに書かせて授業を終える。

【こんな時期に活用しよう】

・進級してまもないころ

　子どもたちがやる気に満ちあふれている新年度に実施すると，いじめをやめられない大人の姿がより悪いものとして子どもたちに映り，「こんな大人にはなりたくない」という気持ちがより高まることで，これから芽生えるかもしれないいじめの芽を未然に防ぐことができる。

5分でできる

① 「いじめ」を空欄にして提示し，しばらくして「いじめ」が入ることを伝え，発問1をして議論する。

② 発問2をして，いじめをするような大人にはなりたくないという意識を高める。

授業のポイント解説

〈導入〉

　大人がいじめをすると思っている子どもは少ない。そこで「いじめ」を空欄にして提示し，あれこれ考えさせてから，大人がいじめをしているという事実に出合わせる。子どもの常識を覆す出合いを工夫することで，教材に興味をもたせる。

〈発問〉

　「そんな大人」という言葉をすべての発問で使うことにより，強く印象づけ，いじめをするような大人にはなりたくないという意識を高める。

〈事後指導〉

　本の表紙と，発問1で出た意見と，発問3で出た意見をセットにして教室に掲示し，定期的に「そんな大人に近づいていないか確認週間！」を設定して，学級の状態を確認することで意識の持続を図る。

（猪飼博子）

いじめと向き合おう

7. 明日学校へ行きたくない

ねらい 言葉にならない思いを抱えている友達がいることに気づき，明日もまた学校に行きたいと思える学級にしようとする意識を高める。

小学校低学年
小学校中学年
小学校高学年
中学校

関連する主な内容項目 B 相互理解，寛容

なぜ行きたくないの？

授業開始と同時に「気になる題名の本を見つけました」と言って本の表紙を提示する。

『明日，学校へ行きたくない　言葉にならない思いを抱える君へ』
著：茂木健一郎，信田さよ子，山崎聡一郎
KADOKAWA

しばらく間をおいて発問する。

発問1 この表紙のイラストの人は，どうしてこんな気持ちになったのでしょうか。

自分の考えを書かせて発表させる。

イラストの表情をもとに次のような考えが出されるだろう。

・何か悩みがあるのではないか。

・学校でいやなことがあったのかも。

・いじめられているのではないか。

・気持ちが落ち込んでいるのかも。

それぞれのとらえ方を共感的に受け止める。

行きたくないと思う理由は？

発問2 みなさんも，こんな悩みがあると学校に行きたくないと思いますか？

「思う」という子どもが多いだろう。

何人かになぜ行きたくないと思うかを発表させる。

次のような考えが出されるだろう。

・悩みがあると学校に行っても楽しくないから。

・いじめられているとしたら，行ってもつらいから。

・いやなことがあった友達と顔を合わせたく

ないから。

・友達がいなくて一人ぼっちだったら学校に行ってもつまらないから。

　それぞれの考えを深く頷きながら受け止めた後，「最初から学校に行きたくなかったのでしょうか」と問いかける。

　「だんだん行きたくなくなったのではないか」と考える子どもが多いだろう。

行きたくなるには？

　「表紙にはこんな言葉がありますね」と言って，次の言葉を提示する。

> 言葉にならない思いを抱える君へ

「言葉にならない思いを抱えているのだから，私たちはどうすることもできませんね」と言う。「何とかする方法があるのではないか」と考える子どもがいるだろう。そこで発問する。

発問3 言葉にならない思いに気づくにはどうしたらいいのでしょうか。

　自分の考えをもたせ，グループで交流させた後，全体に紹介したい考えを発表させる。

　次のような考えが出されるだろう。
・表情や言葉から悩みに気づき声をかける。
・一人ぼっちでいたら一緒に話したり遊んだりする。
・いじめられていることがわかったら相談に乗る。

　「今出されたことを実行できる人が増えると，"明日，学校に行きたくない"と思う人がいなくなるかもしれませんね」と言って授業を終える。

【こんな時期に活用しよう】

・5月の連休明けの時期

　5月の連休明けは，さまざまな原因で学校へ行くのが億劫になる子どもが増えてくる。このような時期に活用することによって，学級全体に友達の悩みを受け入れる雰囲気を生み出し，悩みはあっても学校へ行けば居場所があるという安心感をもたせることができる。

・夏休み明けの時期

　長期休み明けは，生活のリズムが乱れたり，友達関係が気になって学校へ行く気力が低下しやすくなる。このような時期に活用することによって，お互いの様子を気遣う雰囲気をつくり，学校へ行こうとする意識を高めることができる。

⏱ 5分でできる ⏱

① 表紙を提示して発問1をする。
② 「言葉にならない思いを抱える君へ」という言葉を提示して，発問3をする。

授業のポイント解説

〈導入〉

　授業開始と同時に，「明日，学校へ行きたくない」と大きく書かれたインパクトのある表紙を提示することによって，「どうしてだろう」という問題意識を高める。

〈発問〉

　発問2で「学校に行きたくない」という思いをもったことがある友達が意外と多いことに気づかせることが，発問3の「どうしたらいいか」をより真剣に考えさせることにつながる。

〈事後指導〉

　授業後，「言葉にならない思いに気づこう！～表情・言葉・行動から～」という掲示物を貼り，意識の持続を図る。

(鈴木健二)

いじめと向き合おう

8. 消せない言葉は見えない凶器

ねらい 「消せない言葉は見えない凶器」という言葉から，心ない言葉は，見えない凶器となって相手を傷つけることに気づき，ひどい言葉を使いそうになったときに思いとどまれるようになりたいという意識を高める。

小学校低学年	
小学校中学年	
小学校高学年	
中学校	

関連する主な内容項目 A 希望と勇気，努力と強い意志
（中学は，「希望と勇気，克己と強い意志」）

ポスターの言葉は？

授業開始と同時に，「こんなスマホが描かれたポスターを見つけました」と言って，スマホの部分だけ提示する。

出典：香川県・香川県人権啓発推進会議

子どもたちからは，自然に次のような憤りの言葉が出されるだろう。

・ひどい言葉が送られている。
・みんなから集中的にいじめられている。
・こんな言葉を送った人が許せない。
・友達のことを傷つけても平気なのか。

子どもたちの憤りの声を共感的に受け止め

た後，発問する。

発問1 このポスターには，どんな言葉がつけられていると思いますか。

次のような言葉が出されるだろう。
・傷つける言葉を送らないで！
・その言葉で傷つく人がいる！
・あなたの人間性が疑われるよ！

「消せない言葉は見えない凶器」とは？

考えが出された後，「消せない言葉は見えない凶器。」という言葉であることを知らせて発問する。

発問2 いやな言葉が送られてきても消すことができるのに，どういう意味かわかりますか。

しばらく考えさせた後，意味がわかるという子どもに発表させる。次のような考えが出されるだろう。
・一度見てしまったら，消しても心に残るから消せない言葉になる。
・ひどい言葉は心に突き刺さるから見えない

凶器になる。

・心が傷つくとなかなか治せない。

・スマホのいじめで命を絶つ人もいるから，見えない凶器になる。

　それぞれの考えを真剣に受け止め，学級全体で共有する。

送信しないようにがまんするには？

　「ポスターにはこんな言葉もありました」と言って，次の言葉を提示する。

> その言葉，本当に送信してもいいのですか？

　音読させた後，「送信してもいいですか」と問いかける。ほとんどの子どもは「送信してはいけない」と答えるだろう。

　「その通りですね。でも，送信してはいけないとわかっていても，送信してしまう人が多いからこんなポスターが作られているのでしょうね」と言って発問する。

発問3　送信しないようにがまんするにはどうしたらいいでしょうか。

　自分の考えを書かせた後，となり同士で交流させ，何人かに発表させる。次のような考えが出されるだろう。

・自分や自分の大切な人にひどい言葉が送られてきたらどんな気持ちになるか考える。

・自分の言葉が相手の命を奪ってしまうかもしれないと想像する。

　出された考えを学級全体で共感的に受け止めた後，「もし自分がひどい言葉を送ろうとしたときには，このポスターを思い出せるといいですね」と言って授業を終える。

【こんな時期に活用しよう】

・情報モラルに関する授業をする時期

　情報モラルに関する道徳授業や学級活動などを行うときにその前後に関連づけて活用する。そうすることによって，授業との相乗効果が生まれ，SNSの活用の仕方についての意識が高まる。

・乱暴な言葉が見られ始める時期

　言葉が凶器になるのは，SNSばかりではない。日常的な場面でも心ない言葉が相手を傷つけてしまうことがある。学級で乱暴な言葉が聞かれるようになった時期に行い，面と向かって相手に言う言葉も見えない凶器となることに気づかせたい。

⏱ 5分でできる ⏱

① ポスターを提示した後，発問1をして議論する。

② 発問3をして，いじめをしない学級にしていこうとする意識を高める。

授業のポイント解説

〈導入〉

　スマホの画面を提示してしばらく待つことによって，子どもたちが何か言いたくなったり，考え込んだりするようにする。沈黙の時間をつくることで，真剣な雰囲気をつくり出すことができる。

〈発問〉

　発問2で，消すことのできるはずの言葉が消せないのはなぜかを考えさせることにより，言葉のこわさを深くとらえさせる。

〈事後指導〉

　この授業をきっかけに，日頃教室で使われている心ない言葉に目を向けさせ，口から発せられる言葉も「見えない凶器」であることを意識させていく。

（堀内遥香）

いじめと向き合おう

9. いじ芽 つみとろう！

ねらい 小さな"いじ芽"のうちから見逃さない，許さないという学級土壌をつくり，自分の行動で"いじ芽"をつみとっていけるという意識を高める。

小学校低学年
小学校中学年
小学校高学年
中学校

関連する主な内容項目 B 礼儀

ポスターから気づくこと

授業開始と同時にポスターを提示する（当該ポスター作品の部分のみ）。

出典：平成30年度津市人権ポスター最優秀作品

ポスターを見て気づいたことを発表させる。

・いじめのことを「いじ芽」と書いてあるよ。

・女の子が「いじ芽」をひっこぬいている。

・「いじ芽」は泣き顔だけど，女の子はうれしそうな顔をしているよ。

子どもたちの気づきが出尽くしたところで，「つみとろうと言っても，こんな芽は見たことも聞いたこともないのだけれど…」と驚いたように話す。すると，子どもたちからは「本物の芽じゃない！」「いじめのことだよ！」と反論が返ってくるだろう。

「いじ芽」とは？

子どもたちの反論をうなずきながら受け止めて発問する。

発問1 「いじ芽」とは何でしょうか。

「芽」という漢字から連想して，次のような考えが出されるだろう。

・いじめになる前のちょっとしたいじわる

・いたずらのつもりでやったこと

・いじめの前のちょっとしたいじり

子どもたちから出た考えに対して，「いじめはいきなり起こるものではないのですか」と問いかける。

すると，「段階がある」「いきなりいじめになるのではなくて，ちょっと怪しいことがある」と話す子が出てくるだろう。そこから，「だから"いじ芽"なんだね」と気づく子も出てくるだろう。

「いじ芽」はつみとれる？

そこで，ポスターの標語を音読させて発問する。

> 発問2 「いじ芽」はつみとれるのでしょうか。

つみとれると思えば○，難しいと思えば×を選ばせ，理由を書かせて発表させる。

多くの子どもが次のような理由で○を選ぶだろう。

・"芽"なら小さな力でも解決ができそう。
・"芽"のうちにつんでおけば，手遅れにならないからつみとりたい。
・小さな"芽"なら自分でも何とかできそう。

小さな「いじ芽」に気づくために

子どもたちの発言に共感しつつ，「でも"芽"だと小さくて気づかないのでは」と問いかけ，しばらく間をおいて発問する。

> 発問3 小さな「いじ芽」に気づくためにはどうしたらいいでしょうか。

次のような考えが出されるだろう。

・ちょっとのことでも，悩んでいる人を放っておかない。
・ちょっとしたいじりやいたずらでも，だめなことはだめだと伝えていく。
・落ち込んでいる子がいたら，ちょっとしたことでも話をきく。

一人一人の考えを受け止めた後，今から自分にもすぐできそうなことを一つ選ばせてカードに書かせる。

最後に「あなたの周りに，"いじ芽"はありませんか」と言って授業を終える。

【こんな時期に活用しよう】

・**新学年になって間もない時期**

この時期は，お互いの様子を見ている状態なので，トラブルが起きたとしてもちょっとしたからかいなどが多い。このような「いじ芽」が出始めた時期に先手を打ってこの授業を行い，「いじ芽」に対する意識を高める。

・**長期休み明けの時期**

長期休みが明けた後は，子どもの気が緩みがちになり，ちょっとしたことでトラブルに発展しやすい状況になる。そこで，長期休み明け後すぐにこの授業を行い，「いじ芽」に対する意識を高める。

⏱ 5分でできる ⏱

① ポスターから気づいたことを読み取らせた後，発問1をする。
② 発問3をして，「いじ芽」に気づくための方法を考えさせる。

授業のポイント解説

〈導入〉

ポスターから読み取れる情報をできるだけ多く出させることによって，訴えかけようとしていることを感覚的にとらえさせる。

〈発問〉

発問1で「いじめ」には「いじ芽」の段階があることに気づかせ，発問2で，早い時期であれば自分たちで解決できるのではないかという認識を促すことができる。

〈事後指導〉

カードは，「"いじ芽"をつみとる宣言」と題して掲示する。自分はどのような行動をするかという宣言を見えるところに掲示して意識の持続を図るとともに，「いじ芽」を許さないという雰囲気を醸成していく。

(伊崎真弓)

いじめと向き合おう

10. いじめるリスク

ねらい いじめる行為には大変なリスクがあることに気づき，軽い気持ちで行動しないためにどう気をつければよいか，意識を高める。

小学校低学年	
小学校中学年	
小学校高学年	
中学校	

関連する主な内容項目　B 礼儀

いじめるリスクはあるのか？

授業開始と同時にポスターの「知ってる？あなたが背負ってる　いじめるリスク」の部分のみを提示して発問する。

出典：第8回「いじめ・自殺防止」ポスターコンテスト最優秀賞（藤巻千尋 作）

発問1 どういう意味か説明できますか。

「リスクの意味がわからない」という質問が出されるだろう。

そこで，「リスクとは危険という意味です」と説明して発問する。

発問2 いじめを受けた人に危険があるのはわかりますが，いじめをする人に危険なんてあるのでしょうか。

あると思えば○，ないと思えば×を選ばせる。○を選ぶ子どもが多いだろう。理由を書かせ発表させる。次のような考えが出されるだろう。

【○派】
・いじめをしていると，嫌な人だと思われて信用をなくしてしまう。
・いじめをする人と友達になりたくないと思われる。

【×派】
・苦しむのはいじめられる人だから。

いじめるリスクとは？

「ポスターにはこんな言葉がありました」と言って，ポスターの全体を提示し，しばらく間を置いて発問する。

発問3 これくらいのリスクだったらたいしたことはありませんね。

ほとんどの子どもは、「大変なリスクだ」と考えるだろう。そこで、その理由を発表させる。次のような考えが出されるだろう。

・一生後悔するなんて大変なリスクだ。
・暴行罪や侮辱罪などの罪になったら、捕まってしまうかもしれない。
・お父さんやお母さんを悲しませたくない。

なぜいじめをしてしまうのか？

出された考えを共感的に受け止めて発問する。

| 発問4 | こんなにリスクがあるのに、どうしていじめなんかしてしまうのでしょうか。 |

自分の考えを書かせてとなり同士で交流させた後、発表させる。次のような考えが出されるだろう。

・いじめをしているときは、リスクなど考えていないから。
・これくらいたいしたことないだろうと思ってしまうから。

それぞれの考えを共感的に受け止めた後、発問する。

| 発問5 | どうしたら、いじめを思いとどまることができるでしょうか。 |

自分の考えを書かせて発表させる。「いじめるリスク」という言葉を思い浮かべるというような考えが出されるだろう。最後に「こんなリスクを背負わないような生き方ができるといいですね」と言って授業を終える。

【こんな時期に活用しよう】

・友達関係が固定し始める時期

友達関係が固定してくると、いじる側といじられる側がはっきりしてくる。そのような時期にこの授業を行うことによって「いじめ」には大変なリスクがあることを印象づける。

・特定の子どもがからかわれると感じる時期

いつの間にか、特定の子どもがからかわれることが多くなる状況が生まれることがある。そのような時期にこの授業を行うことによって、軽い気持ちでからかっている子どもたちに、それが大変なリスクに発展する可能性があることに気づかせる。

5分でできる

① いじめるリスクの言葉の意味を考えさせた後、発問2をする。
② どのようなリスクがあるかがわかるポスターの言葉を提示した後、発問4をする。

授業のポイント解説

〈導入〉

「いじめるリスク」という言葉といじめをしているイラストを提示して、問題意識を高める。

〈発問〉

いじめをする側にリスクがあるのかを問いかけることによって（発問2）、いじめに対する認識の変容を促すきっかけをつくった後、発問3で挑発することによって、「いじめるリスク」のこわさを実感させていく。

〈事後指導〉

ポスターは教室に掲示しておいて、誰かをからかうような言動が少しでも見られるときに学級全員で見て、「いじめるリスク」という意識を持続させていく。

（藤髙英一）

いじめと向き合おう

11. やめようよ

ねらい 「やめようよ」という言葉だけではあまり効き目がないということに気づき，本気で「いじめ冷やかし知らん顔」ゼロの学級をめざしていきたいという意識を高める。

小学校低学年
小学校中学年
小学校高学年
中学校

関連する主な内容項目　C 公正，公平，社会正義

看板の言葉は？

　「ある駅の駐輪場で古い看板を発見しました」と言って写真を提示（「やめようよ」はぼかしておく）して，空欄に入る言葉を考えさせる。

　子どもたちからは，「していませんか」「傷つくよ」「絶対にだめ」「ひどすぎる」などという言葉が出されるだろう。

　出尽くしたところで「やめようよ」という言葉を提示し，音読させる。

「やめようよ」という言葉

発問1 もし自分が「いじめ，冷やかし，知らん顔」をされたとしたら，気づいた人から「やめようよ」と言ってもらいたいですか。

　次のような理由で，言ってもらいたいという子どもが多いだろう。

・誰も「やめようよ」と言ってくれなかったらもっとつらくなるから。

・「やめようよ」と言ってくれたらやめるかもしれないから。

　それぞれの考えを受け止めた後，「言ってもらいたいという人が多いですね」と言って発問する。

発問2 「やめようよ」という言葉は効き目があるのでしょうか。

　効き目があるかどうか，4段階（4…とてもある　3…まあまあある　2…あまりない　1…まったくない）で選ばせ，理由も書かせる。

　次のような理由で2や1を選ぶ子どもが多いだろう。

・「やめようよ」と言ってやめるならいじめはとっくになくなっているはずだから。

・「やめようよ」と言ってやめる人なら最初からしないと思うから。

・こんなに古くなっても看板が置いてあるということは，効き目がない証拠。

　3を選んだ子どもからは，次のような考えが出されるだろう。

・何も言わないとますますひどくなるはずだ

から，言ったほうが少しは効き目がある。

・みんなで言えば，少しは効き目があるのではないか。

　それぞれの考えを共感的に受け止める。

いじめ冷やかし知らん顔をゼロにするには？

　ここまでの話し合いを「"やめようよ"と言ってもらいたいけど，効き目はあまりないのではと考えている人が多いですね」とまとめた後，問いかける。

　「この学級は，"いじめ冷やかし知らん顔"はゼロですか」

　ほとんどの子どもは，ゼロではないと答えるだろう。そこで発問する。

> **発問3** 「いじめ冷やかし知らん顔」をゼロに近づけるにはどうしたらいいですか。

　一人一人に考えを書かせてグループで交流させた後，学級全体で発表させる。

　次のような考えが出されるだろう。

・自分だけは絶対にしないと強く意識する。

・どんな小さなことでも見逃さないで先生に報告する（報告の方法も工夫する）。

・「いじめ冷やかし知らん顔」が発生したら学級全体の問題として話し合い解決する。

　出されたアイデアは，「いじめ冷やかし知らん顔」ゼロ宣言カードに書いて学級全体で共有し，意識の持続を図る。

```
┌─────────────────────┐
│    ○年○組           │
│ 「いじめ冷やかし知らん顔」 │
│    ゼロ宣言          │
│ 私たちは，「いじめ冷やかし知ら │
│ ん顔」をゼロにするために次の │
│ 行動をします！       │
│ ┌─────────────────┐ │
│ │①                │ │
│ ├─────────────────┤ │
│ │②                │ │
│ ├─────────────────┤ │
│ │③                │ │
│ └─────────────────┘ │
└─────────────────────┘
```

【こんな時期に活用しよう】

・子どもたちが学級に慣れてきた時期

　子どもが学級に慣れてくると，友達に対する言動に軽重の差が出始める。このような時期に活用することによって，友達を軽んじる言動を戒めようとする意識を高める。

・長期休み明けの時期

　長期休み明けの時期は，気が緩んだままの子どもが増え，友達に対するからかいなど，トラブルのもとになるような言動も出てくるようになる。このような時期に活用することによって，学級全体で気を引き締めていこうとする雰囲気をつくっていく。

⏱ 5分でできる ⏱

① 空欄の言葉を考えさせる。

② 発問2で「やめようよ」という言葉の効き目について話し合わせる。

③ 発問3でゼロにするアイデアを話し合わせる。

授業のポイント解説

〈導入〉

　看板を提示する前に，発見した場所や看板の状況について話すことによって，見てみたいという興味関心を高める。

〈発問〉

　「やめようよ」という言葉の効力を検討させることによって，簡単にはやめさせることができないことに気づかせ，やめさせる効果のある方法を考えたいという意識を高める。

〈事後指導〉

　学級全体としての「いじめ冷やかし知らん顔」ゼロ宣言の掲示物を作成して教室内や廊下などに張り出すことによって，取り組みを他の学級にも示し，本気でゼロをめざしていこうとする強い意志をもたせる。

（鈴木健二）

いじめと向き合おう

12. ストップ!!いじめ

ねらい いじめを止めさせることは簡単ではないことを改めて認識し，いじめに対する意識を高めるための標語をつくって，みんなで取り組んでいこうとする意識を高める。

小学校低学年
小学校中学年
小学校高学年
中学校

関連する主な内容項目 C 公正，公平，社会正義

ストップ！！いじめ

「第15回いじめ防止標語コンテスト」全国賞作品
提供：愛知県小中学校PTA連絡協議会

「あるポスターに，こんな言葉がありました」と言って，ポスターの「ストップ！！いじめ」の部分を提示する（「いじめ」は空欄にする）。

> ストップ！！　［　　　　］

次のような言葉が出されるだろう。

・交通事故　・飛び出し　・悪口　・わがまま
・自分勝手　・迷惑行為

出尽くしたところで，「いじめ」であることを知らせて音読させる。

「！」が2つついている意味は？

発問1　ストップのあとに「！」が2つもついているのはどうしてでしょうか。

次のような考えが出されるだろう。

・どうしてもいじめを止めさせたいという強い気持ちを伝えたいから。
・いじめがなかなかなくならないので，何とかしたいから。
・いじめを早くストップして，一人でも多くの子どもを助けたいから。

出された考えを共感的に受け止める。

ポスターの言葉を考える

「いじめをストップさせるために，こんな標語を考えた人がいます」と言って，ポスターの全体を提示する（言葉の意味がわからない子どもがいる場合には，簡単に説明する）。

2つの標語を音読させた後，発問する。

発問2　どちらの標語が心に残りましたか。

前者をＡ，後者をＢとして標語を選ばせ，理由も考えさせる。となり同士で交流させた後，何人か指名して発表させる。

次のような理由が出されるだろう。

【Ａを選んだ理由】

・いじめる子にも大人の助けが必要だという考えがいいなと思ったから。

・いじめる子にはどんな助けが必要なのかなと疑問に思ったから。

【Ｂを選んだ理由】

・自分の名前を隠していやなことを言う人は最低だと思ったから。

・いやなことを言う人は，言われた人が傷つくことを考えてほしいと思ったから。

標語をつくろう！

それぞれの考えを共感的に受け止めた後，発問する。

> 発問3 いじめをストップさせるための標語をつくってみましょう。

しばらく時間をとって，標語を考えさせる。

早く書けた子どもには，２つめ３つめを考えさせる。

全員が１つ以上書けたことを確認して，グループで交流させる。グループで一番よいと思った標語を短冊に書かせて黒板に貼る。

出された標語を音読させた後，それぞれの標語のよさを発表させる。

短冊に書かれた標語は，「ストップ！！いじめ」掲示板に貼って，意識の持続を図る。

定期的に標語を募集して，いじめのない学級をめざしたいという意識を高めていくとよい。

【こんな時期に活用しよう】

・いじめをテーマとした教科書教材を扱う時期

いじめをテーマとした教科書教材と関連づけて活用することにより，教材で描かれているいじめの状況にどのように対応するかについて考えを深めることにつながる。

・学校でいじめが問題になったとき

学校でいじめが問題になったときには，各学級で指導を徹底するように求められる。そのときに，ただ「いじめをしてはいけない」という決まり切った指導をしても効果はない。このような時期に，身近なところで起きたいじめと関連づけて活用することにより，切実感のある指導につながる。

⏱ 5分でできる

① 「ストップ！！ ▭」を提示して空欄の言葉を考えさせる。

② 発問１でポスターが訴えかけたいことを話し合わせる。

③ ２つの標語を提示して音読させる。

授業のポイント解説

〈導入〉

ポスターの言葉の中から「ストップ！！」の部分を提示することによって，何をストップさせたいのだろうという問題意識を高める。

〈発問〉

「！」が２つある理由を考えさせることによって，ポスターが訴えかけたい強い思いを感じ取らせ，いじめに真剣に向き合いたいという意識を高める。

〈事後指導〉

標語を定期的（１カ月に１回程度）に作らせて掲示物を刷新していくことによって，年間を通していじめと向き合おうとする意識を持続させていく。

(鈴木健二)

いじめと向き合おう

13. 「だれか」 じゃなくて

ねらい 困っている友達がいたら「だれか」に任せるのではなく，自分から動くことが大切であることに気づき，友達のために積極的に動こうとする意識を高める。

小学校低学年	
小学校中学年	
小学校高学年	
中学校	

関連する主な内容項目 B 親切，思いやり（中学は，「思いやり，感謝」）

何のポスター？

出典：子ども家庭庁

　授業開始と同時に，吹き出しと周りのイラストを提示して（吹き出しの中の数字と言葉，スマホを隠しておく），気づいたこと，考えたこと，はてなと思ったことを発表させる。次のような考えが出されるだろう。
・困った顔をした子どもがいる。
・何かに気づいたような人が何人かいる。
・何も気づいていないような人もいる。
　細かな部分までよく気づいていることを賞賛した後「吹き出しの中にはこんなことが書

かれていました」と言って，「189」の数字を提示する。「どういうことでしょうか」と問いかけてもピンとこない子どもが多いだろう。そこで「"189"にはこんな読みがつけてありました」と言って「いちはやく」を提示する。何か気づいた子どもに発表させる。次のような気づきが出されるだろう。
・困った顔をしている子どもに何かがあって，早く何とかしなければ大変なことになるよと言っているのではないか。

何に困っている？

　よい気づきを「なるほど！」と受け止めた後，発問する。

発問1 この子どもはどんなことで困っているのでしょうか。

　次のような考えが出されるだろう。
・ひどくいじめられていて，どうしようもなくなっている。
・誰にも相談できない深刻な悩みがあるのではないか。
　考えを受け止めて発問する。

発問2　そのような子どもがいたら，どうしたらいいですか。

　次のような考えが出されるだろう。
・何に困っているか聞いてみる。
・自分にできることだったら助ける。
　それぞれの考えを共感的に受け止めた後に「でもポスターにはこんな言葉が書いてあったのです」と言って，次の言葉を提示する。

「だれか」じゃなくて「あなた」から

　音読させた後，発問する。

発問3　このポスターが伝えたいことは何でしょうか。

　自分の考えを書かせた後，となり同士で交流させ，何人か指名して発表させる。出された考えを次のようにまとめて発問する。
・気づいたら誰かにまかせるのではなくて，自分から動くことが大切だ。

発問4　自分から動くことができるようにするためにはどんなことが大切でしょうか。

　自分の考えを書かせた後，グループで交流させ，学級全体によい考えを紹介させる。
・誰かが何とかするだろうと思わないで自分にできることをしようと考える。
・少しでも気になった友達がいたら先生や信頼できる友達に相談する。
　「こんな行動ができるようになったら，みんなが安心できる学級になりそうですね」と言って授業を終える。

【こんな時期に活用しよう】

・学年の始まりの時期

　学年が始まったばかりの時期は，友達のことが気になってもなかなか行動に移せない子どもも多い。そのような時期に活用することによって，一歩踏み出して行動しようとする意識を高めることができる。

・学級内の力関係が気になり始めた時期

　学級内の力関係が影響して，気になることもなかなか言えなくなる状況になる場合がある。そのような時期に活用することによって，自分にできることをしようとする意識を高めることができる。

⏱ 5分でできる ⏱

① 何のポスターかを考えさせた後，発問1をする。
② 「だれか」じゃなくて…の言葉を提示して発問3をする。

授業のポイント解説

〈導入〉

　イラスト，189，読み方，「だれか」じゃなくて，というように要素を少しずつ提示して，謎解きのおもしろさを感じさせながらポスターの伝えたいことに気づかせていく。

〈発問〉

　困った友達に気づいても，なかなか行動できず，つい傍観者で終わる場合も多い。そこで発問4で自分から動くことができるようになるための考え方を学級全体で共有し，意識を高める。

〈事後指導〉

　いじめなどばかりではなく，学級のためになることを自分からやろうとしている子どもがいたら学級全体に紹介し，誰かのために役に立つ行動をしようとする意識を高めていく。

(鈴木健二)

いじめと向き合おう

14. 迷惑行為ランキング

ねらい 学級にはさまざまな迷惑行為が存在していることに気づき，自分の行為は迷惑行為かどうかを考えて行動しようとする意識を高める。

小学校低学年
小学校中学年
小学校高学年
中学校

関連する主な内容項目 B 親切，思いやり，礼儀
（中学は，「思いやり，感謝」）

迷惑行為ランキング

　授業開始と同時に，迷惑行為ランキングの1位を示して「これは何でしょうか」と問いかける。「電車で大きな声でしゃべって周りに迷惑をかけているのではないか」という考えが出されるだろう。

出典：日本民営鉄道協会

　そこで，迷惑行為ランキングという言葉を提示して，「この他にも5つの迷惑行為が描かれていました」と言って発問する。

発問1 どんな迷惑行為が描かれているでしょうか。

　次のような考えが出されるだろう。
・お年寄りに席を譲らないで座っている。
・座席に荷物を置いて他の人が座れないようにしている。
・リュックなどを背負ったままで後ろの人にぶつかったりする。
　「よくわかっていますね」と共感した後，2位から6位までを示していく。

学級の迷惑行為は？

　「駅と電車内の」を「学級の」という言葉に替えて提示して「学級にも迷惑行為がありますか」と問いかける。ほとんどの子どもが「ある，ある！」と反応するだろう。
　そこで発問する。

発問2 学級にはどんな迷惑行為があるか，書けるだけ書いてみましょう。

　「書けるだけ書いてみよう」と投げかけ，さまざまな迷惑行為があることに気づかせて

いく。次のような行為が出されるだろう。

教室で走り回る　大声を出す　悪口を言う　いじわるをする　いじめる　たたいたりけったりする　からかって笑う　間違えたらバカにする　ひそひそ話をする　仲間はずれにする　命令する　無視する

学級の迷惑行為ランキングを決めよう！

「たくさんの迷惑行為が出されましたね」と驚いてみせた後，発問する。

> **発問3** 出された迷惑行為のランキングの中で，1位を選ぶとしたらどれですか。

いじめに関連する迷惑行為が出されるだろう。そこで出された中からワースト5を決めさせる。次のような迷惑行為がランキングに入るだろう。

1位　仲間はずれにする
2位　無視する
3位　悪口を言う
4位　たたいたりけったりする
5位　ひそひそ話をする

ワースト5が決まったところで，発問する。

> **発問4** こんな迷惑行為をしたいですか。

ほとんどの子どもが「したくない」と答えるだろう。「さすが○年○組ですね。こんな迷惑行為が起きることはないでしょうね」と言って授業を終える。

→p.76 コラム 1時間の道徳授業に発展

【こんな時期に活用しよう】

・4月の早い時期

4月初めに活用することによって，学級における迷惑行為とは何かについて共通理解を図り，迷惑行為の発生を抑制することができる。

・夏休み明けの時期

夏休み明けは気持ちがゆるんでいる子どもも多く，つい迷惑行為をしてしまいがちになる。このような時期に4月に行った「迷惑行為ランキング」の授業を振り返らせることによって，気持ちを引き締めることができる。

⏱ 5分でできる ⏱

① ポスター全体を提示した後，発問2をする。
② 発問3をして学級における迷惑行為ランキングを決める。

授業のポイント解説

〈導入〉
迷惑行為ランキングの1位を提示することによって，いったい何だろうという疑問を高めた後，2位から6位を考えさせて，迷惑行為に対する問題意識を高める。

〈発問〉
発問2で学級における迷惑行為を数多く出させることによって，無意識のうちにやっていた迷惑行為に気づかせる。
発問3では，あえて1位を選ばせることによって，さまざまな価値観を交流させ，深い学びを促す。

〈事後指導〉
学級活動の時間などを活用して，学級の迷惑行為ランキングポスターを作り，掲示することによって，意識の持続を図る。

（鈴木健二）

いじめと向き合おう

15. いい人ランキング

ねらい 人には他者を自分と比較して優劣をつける心理があり，それがいじめの芽につながることを知り，その心理に負けないで，いじめの芽をなくしていきたいという気持ちを高める。

小学校低学年
小学校中学年
小学校高学年
中学校

関連する主な内容項目 C 公正，公平，社会正義

どんな本？

授業開始と同時に「気になる題名の本を見つけました」と言って表紙を提示する（題名は隠しておく）。しばらく見せた後，気づいたことや考えたことを発表させる。

出典：『いい人ランキング』吉野万理子 著
（あすなろ書房）

次のような意見が出されるだろう。
・心配そうにしている女の子が中央にいる。
・このクラスは友達との仲が悪そう。
・1番下の女の子はいじめられているかも。
　考えが出尽くしたところで，どんな題名が

ついているのか予想をさせた後，題名を提示して発問する。

> **発問1** 学級で「いい人ランキング」をしようという話になったら，賛成しますか。反対しますか。

賛成だと思えば○，反対だと思えば×を選ばせて理由を書かせる。どちらかに挙手をさせて，少数派から発表をさせる。
【○派】
・学級の人気者がわかっておもしろそう。
・悪い人を選ぶわけではないから。
【×派】
・順位が下のほうだったら悲しくなるから。
・人と比べられるのは嫌だから。
・決める基準がないのに勝手にランキングされても納得できないから。
　自分は周りから好かれているという自信から人をランキングすることを軽く考えていた子どもたちも，×派の意見を聞くことでランキングすることの重みに気づいていくだろう。

いつのまにか他者をランキングしている自分

人に順位をつけることはよくないという雰囲気になったところで，発問する。

発問2 この学級には，「見えない『いい人ランキング』」は存在していませんか。

存在していると思えば○，存在していないと思えば×を選ばせて理由を書かせる。以下のような理由で○を選ぶ子が多いだろう。

・影響力の大きい人とそうでない人がいるから。

・大事にされている人とそうでない人がいるから。

出された考えを受け止めた後，「無意識のうちについたランキングなので，問題ないのではないでしょうか」と挑発する。「それが差別やいじめにつながるかもしれないからだめだ」という声があがるだろう。

差別といういじめの芽をなくすには

子どもの考えを受けて発問する。

発問3 差別といういじめの芽を，どうしたらなくせるのでしょうか。

まずは一人一人に考えさせた後，グループで交流させ，学級全体に紹介したい考えを発表させる。次のような意見が出されるだろう。

・自分が差別をされたらどうかと考えて行動をする。

・差別やいじめは絶対によくないという強い気持ちをもつ。

学んだことを書かせて授業を終える。

【こんな時期に活用しよう】

・上下関係ができ始めたとき

学級全体がある子の指示にはよく動き，そうでない子の指示には動かないというように学級の中で上下関係ができ始めてきたころに実施することで，上下関係から起こるいじめを防ぐことができる。

・小さなグループができ始めたとき

グループができ始めたときには，「グループに入れてもいい子」と「そうでない子」という順位づけが始まっている。その時期に実施することで，自分たちがしていることがいじめにつながるかもしれないという危機感をもたせることができる。

5分でできる

① 題名を空欄にして本の表紙を提示し，しばらくして題名を伝えて，発問1をして議論する。

② 発問2をして，人には無意識に他者と自分や他者同士を比較して優劣をつける心理があることに気づかせる。

授業のポイント解説

〈導入〉

「気になる題名の本」と言うことによって，どんな題名だろうと予想しながら表紙のイラストを見るようにさせる。

〈発問〉

発問3によって，人には無意識に他者と自分や他者同士を比較して優劣をつける心理があることに気づかせ，意識を高める。

〈事後指導〉

本の表紙と発問3で出た意見をセットにして教室に掲示し，意識の持続を図る。

また月に一度，「差別といういじめの芽」をなくすための解決策を意識して行動できたか確認する。

(猪飼博子)

「14.迷惑行為ランキング」の授業

迷惑行為ワースト３を選んで理由を書く

発問３を次のように変えて問いかける。

> 発問３−ｂ 出された迷惑行為からワースト３を決めるとしたら，どれを選びますか。

まずは自分で３つ選ばせてその理由を簡潔に書かせる。

迷惑行為	選んだ理由

学級の迷惑行為ランキングを決める

選ばれた迷惑行為の中で得票の多かった順にランキングを決めていく。同じ迷惑行為でもさまざまな理由が書かれているので，机間指導でチェックしておき，なるほどと思える理由を意図的に引き出していく。最終的なランキングを学級全体で確認し，何か意見があれば出させて話し合わせた後，発問４をする。ほとんどの子どもが「したくない」と答えるだろう。その反応を受けて発問する。

> 発問４−２ それなのに，どうしてしてしまう人がいるのでしょうか。

「心が弱いのではないか」「相手がいやな気持ちになることを忘れているのではないか」などという考えが出させるだろう。出された考えを受け止めた後，「そんな人にも，みんなの力で迷惑行為だと気づかせていくことができそうですね」と言って授業を終える。

ポスターで意識の持続を図る

授業後の意識の持続を図るために，迷惑行為ランキングポスターを作ることを提案する。次のような方法が考えられる。

Ａ　各グループで作成する。

Ｂ　ワースト５のイラストを募集（ポスターを参考にする）してよいものを選び，作成する。

Ｃ　迷惑行為ランキングポスター制作委員会を設置して自分たちのアイデアで作成する。

複数のポスターが作成された場合には，学級外の掲示板にもはって学校全体にアピールさせるとよい。

学級経営に生きる
5分でできる 小さな道徳授業 **実践編**

第4章

多様性を大切にしよう

1. 絆創膏から考える
2. 24色の肌色クレヨン
3. 世界はもっと多様になる
4. ちがう考えって楽しいね
5. 好きなものを好きと言える
   未来へ

6. 見た目外国人でも
7. 「空気」を読んでも従わない
8. みんなとちがうのは悪いこと?
9. 男女平等について考えよう

コラム 1時間の道徳授業に発展 「8.みんなとちがうのは悪いこと?」の授業

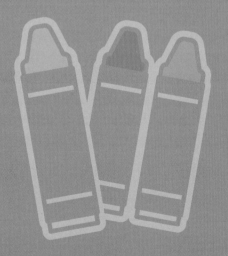

多様性を大切にしよう

1. 絆創膏から考える

ねらい 自分たちの知る身の回りの"当たり前"への違和感に気づき差別のない社会を目指したものの見方・考え方を身につけたいという意識を高める。

小学校低学年
小学校中学年
小学校高学年
中学校

関連する主な内容項目 C 公正，公平，社会正義

これは何でしょう？

授業開始と同時に絆創膏（一般的な）を見せて，「これは何でしょう」「見たことありますか」などと問いかける。意外な問いかけにより子どもたちの興味関心が高まったタイミングで次の広告を提示する。

提供：ケンビュー

広告を見て，「これも絆創膏だ！」と気づき発言する子が出てくるだろう。また，絆創膏が複数のカラーで作られていることに着目した発言もあるだろう。

skin color

そこで，"複数のカラー"に着目したつぶやきを全体で取り上げて，気づきや考えたことを話す時間を設け，子どもたちの発言を適

宜板書していく。

・絆創膏の色は，5色あるよ。
・左端の色はよく見るけど，あとの4色の絆創膏は見たことがない。
・全部，肌の色なんじゃないかな。
・何で，いろんな色を作ったんだろう。

出尽くしたところで子どもたちの発言に触れ，「今まで1色しかなかったのに…1色でいいのでは…？」と不思議そうに話しながら次の発問をする。

発問1 わざわざいろいろな色の絆創膏を作ったのはなぜでしょう。

どの色も肌の色であることに気づいた子どもたちからは，次の考えが出されるだろう。

・1色だと，困る人がいるから。
・自分の肌の色に合った絆創膏をほしいと思う人がいるから。
・肌の色は，人それぞれだから。

1色だけは差別か

中には，これまでの生活や学習経験から，「1色だけだと，差別が起こるから」などと人種差別と関連づけて発言する子がいるだろ

う。その考えを全体で取り上げ，発問する。

発問2 | 1色だけ作っていたことは，差別になるのでしょうか。

　ここでは，近くの子同士で相談する時間を設ける。考えが出にくい場合は，「絆創膏を作った会社が人を差別していたの？」と問いかける。子どもたちは，見慣れていた絆創膏そのものや作った人が差別をしていたつもりではなかったとしても，差別のきっかけになり得ることや社会問題を解決するために新しく複数のカラーの絆創膏が作られたことに気づくだろう。

　そこで，「この広告を作った人たちは，社会をよりよくしていくことが自分たちの使命だと考え，多様な美しい肌の色を取り入れた絆創膏を作り，さらに人種差別の撤廃を訴える運動への寄付を行うことを宣言しました」と，広告に関するコメントを紹介する。

身の回りの当たり前を問う

　当たり前に使っていた・見ていた日常の中にあるものでも，嫌な思いをする人がいるものや差別のきっかけになってしまうものが潜んでいることに触れ，発問する。

発問3 | 差別のきっかけは，身の回りのどこに潜んでいるのでしょう。

　この発問にはすぐ答えを求めないで，次のように言って授業を終える。
　「どんな発見があったか，帰りの会で報告し合いましょう」
　授業の後は，休み時間などの活動を見守り，必要があればサポートするとよい。

【こんな時期に活用しよう】

・人権週間の前後の時期
　人権週間では，さまざまな差別に対する意識を高める授業を行うことが多い。このような時期に活用することによって，肌の色の違いだけでなく，一人一人の違いを認め合っていこうとする意識を高めることができる。

・国際理解教育を実施する時期
　総合的な学習の時間や社会科などで国際理解教育などを実施する時期に関連づけて活用することによって，世界のさまざまな国の人々との違いを受け入れて仲良くしていこうとする意識を高めることができる。

⏱ 5分でできる ⏱

① 広告を提示して気づいたことを話し合った後，発問1をする。
② 発問2をして肌の色に対する意識を高めた後，広告に対するコメントを紹介する。

授業のポイント解説

〈導入〉
　絆創膏の実物を提示した後，広告を提示することで，一般的な絆創膏との違いに気づかせ，興味関心を高める。

〈発問〉
　発問2によって，これまで1色で当たり前と思っていた意識をゆさぶり，発問3で身の回りにある当たり前に対する問題意識を高める。

〈事後指導〉
　朝の会で本授業を行った後，休み時間に身の回りの気になるものを発見する活動を設定する。帰りの会で発見したものを交流させた後，「あなたたちの目は差別を見逃さない目になっていますね」と言って賞賛し，今後の意識の持続を図っていく。

（伊崎真弓）

多様性を大切にしよう

2. 24色の肌色クレヨン

ねらい たった一人の想いでも，周りがそれを受け止め，協力していけば，大きな力となって環境を変えることができることに気づき，自分も強い想いをもったり，友達の想いに応えたりしたいという意識を高める。

小学校低学年
小学校中学年
小学校高学年
中学校

関連する主な内容項目 C よりよい学校生活，集団生活の充実

24色の肌色クレヨン

授業開始と同時に，「こんな広告を発見しました」と言って広告を提示し，何の広告か考えさせる（「色を選びながら相手を想う」と「24色の肌色クレヨン」は隠しておく）。

色を選びながら相手を想う
COLORS OF THE WORLD
CRAYONS
24色の肌色クレヨン

Crayola「カラー オブ ザ ワールド 世界のお友達クレヨン 24色」
画像提供：株式会社ドリームブロッサム

クレヨンの広告であることに気づくだろう。そこで「ただのクレヨンの広告ではありません」と言って，次の言葉を提示し，空欄に入る言葉を考えさせる。

24色の ☐ クレヨン

次のような言葉が出されるだろう。

・きれいな　・優しい　・すてきな
・思いやり　・すごい

24色も必要か？

出尽くしたところで，「肌色」であることを知らせ発問する。

発問1 肌色に24色も必要なのでしょうか。

必要だと思えば○，そんなに必要ないと思えば×を選ばせ，理由を考えさせた後，発表させる。次のような考えで○を選ぶ子どもが多いだろう。

・世界にはいろいろな肌の色の人がいるから
・同じ日本人でも少しずつ肌の色が違うから
・日本にもいろいろな国の人が住んでいるから

出された考えを受け止めた後，「世界には40以上の肌色があるそうです」と伝える。

相手を想う

「この広告にはこんな言葉もありました」と言って，次の言葉を提示する。

音読させた後，発問する。

発問2 相手のどんなことを想うのでしょうか。

　自分の考えを書かせてとなり同士で交流させた後，発表させる。次のような考えが出されるだろう。
・自分の肌の色と少し違うぞ。
・いろいろな肌の色の人がいるんだな。
・肌の色は違っていても仲良くしたいな。
　それぞれの考えを受け止めて「色を選びながらそんなことを考えられたらすてきですね」と言う。

自分の肌の色は？

　「肌色クレヨンを開発した会社は，次のように言っています」と言って説明する。

・自分らしさを表現したいと思っているすべての子どもたちのためにつくったクレヨン
・お友達や自分にぴったりな色を見つけてお絵描きをして楽しんでほしい
（Amazon の説明をもとに筆者が要約）

　クレヨンが作られた理由がわかったところで発問する。

発問3 自分の似顔絵を描くとしたら，どの色を選びますか。

　さまざまな色が選ばれるだろう。
　最後に学んだことを書かせて授業を終える。

【こんな時期に活用しよう】

・ちょっとした違いでからかわれる子どもが出始めた時期
　学級に慣れてくると，ちょっとした違いを取り上げてからかう子どもが出てくることがある。このような時期に活用することによって，一人一人の違いを大切にしたいという意識を高めることができる。
・SDGs の学習を行う時期
　SDGs の目標 10 に「人や国の不平等をなくそう」がある。この目標を取り上げる時期に関連づけて活用することによって，肌色によって無意識のうちに差別していたことに気づかせ，そのような差別をなくしていきたいという意識を高めることができる。

⏱ 5分でできる ⏱

① ポスターをそのまま提示した後，発問1をする。
② 発問2をして，多様な肌色をもとに相手を思いやる意識を高める。

授業のポイント解説

〈導入〉
　カラフルな広告で興味関心を高めた後，「ただのクレヨンの広告ではありません」と言って，「どんなクレヨンなんだろう」という問題意識を高める。
〈発問〉
　「24 色も必要なのか」（発問 1）と問いかけることで，世界にはさまざまな肌の色の人が存在していることを明確に認識させる。
〈事後指導〉
　肌色クレヨンを準備できれば，簡単な自分の似顔絵を描かせて発問3で選んだ色を塗らせる。作品はしばらく掲示して，肌色の多様性を意識づける。

（吉田綾子）

多様性を大切にしよう

3. 世界はもっと多様になる

ねらい ポスターの言葉から，それぞれの違いを大切にすることが世界を多様にしていくことに気づき，お互いの違いを大切にしていきたいという意識を高める。

小学校低学年
小学校中学年
小学校高学年
中学校

関連する主な内容項目 B 相互理解，寛容

言葉の意味は？

授業開始と同時にポスターを提示し（上の方の言葉は「大切」を空欄にする。ポスターの下段の言葉はぼかして提示する），「空欄には同じ言葉が入ります」と言って，空欄に入る言葉を考えさせる。

![大切なものは、みんな違う。大切にされて嬉しいのは、みんな同じ。](出典：2021年度 愛知県人権啓発ポスター)

出典：2021年度 愛知県人権啓発ポスター

次のような言葉が出されるだろう。
・大事
・大切

「さすがですね」と言って，「大切」が入ることを伝え発問する。

発問1 この言葉の意味がわかりますか。

わかるという子どもに発表させた後，「ポスターにはこんな説明がありました」と言って，次の言葉を提示する。

> 考え方や生き方は，一人ひとり違う。でもその一つひとつを大切にできたら，みんなが自分らしく生きられると思う。差別やいじめだって，きっと無くせる。そんな世界をつくるのは，難しいことじゃない。私にだって，あなたにだって，できるはずだ。

範読した後，もう一度ポスターの言葉の意味をとなり同士で交流させ，理解を深める。

多様になった方がいいか？

「ポスターにはこんな言葉もありました」と言って，次のように提示する。

```
┌─────────────────────────────────┐
│ あなたが気づけば,               │
│ 世界はもっと ［　　　　　］ なる。│
└─────────────────────────────────┘
```

　空欄に入る言葉を考えさせて発表させる。
　次のような言葉が出されるだろう。
・楽しく　　・明るく　　・うれしく
・笑顔に　　・仲良く
　それぞれの言葉を共感的に受け止めた後,
「多様に」という言葉であることを伝える。
　「多様とはどういう意味でしょうか」と問
いかけ,わかる子どもがいれば発表させた後,
次のように説明する。

```
┌─────────────────────────────────┐
│ 一人ひとりの違いが大切にされること。│
└─────────────────────────────────┘
```

　[発問2]　世界は多様になった方がいいの
　　　　　でしょうか。

　なった方がよいと思えば○,ならなくても
よいと思えば×を選ばせて理由を考えさせ
る。多くの子どもは,次のような理由で○を
選ぶだろう。
・一人ひとりの違いが大切にされれば安心し
　て生活することができるから。
・自分はこのままでいいと思えるようになる
　から。
　それぞれの考えを意味づけながら受け止め
た後,再度ポスターのすべての言葉を音読さ
せる。
　最後に,「一人ひとりの違いが大切にされ
る学校にするために,あなたにできることは
どんなことでしょうか」と問いかけて授業を
終える。

【こんな時期に活用しよう】

・**新学年になってまもない時期**

　新学年になってしばらくは,友達のことが
よくわからず,不安な気持ちも大きい。この
ような時期に活用することによって,みんな
違うことが当たり前で,それぞれを大切にす
ることがよい学級になっていくという考え方
を共有させる。それが学級に安心感を生み出
すことにつながる。

・**長期休み明けの時期**

　長期休み明けの時期は,生活リズムの乱れ
などで精神的に不安定な子どももいて,
ちょっとしたトラブルも発生しやすくなる。
そのような時期に活用することによって,友
達を大切にしていこうという意識を高め,ト
ラブルを軽減することができる。

```
┌──────────────────────────────┐
│ ⏱ 5分でできる ⏱               │
│ ① ポスターを提示して,「大切なもの │
│   は…みんな同じ」の言葉の意味を考え│
│   させる。                    │
│ ② 「あなたが気づけば…」に着目させ │
│   て発問2をして,多様であることのよ│
│   さに気づかせる。              │
└──────────────────────────────┘
```

授業のポイント解説

〈導入〉
　空欄に同じ言葉が入ると言うことによっ
て,思考を刺激する。

〈発問〉
　発問1で,ポスターが訴えかけている言葉
を子どもたちなりに考えさせた後,ポスター
の説明を示すことによって,言葉の意味を深
くとらえさせる。

〈事後指導〉
　日々の授業でさまざまな考えを認め合う場
面を設定し,多様性のよさを伝えていく。

（山岸直美）

多様性を大切にしよう

4. ちがう考えって楽しいね

ねらい 同じタオルでも人によって使い方がちがうことに気づき，いろいろな考え方を楽しむことを通して，自分とちがう考えを認め合っていきたいという気持ちを高める。

小学校低学年
小学校中学年
小学校高学年
中学校

関連する主な内容項目 B 相互理解，寛容

タオルの使い方とは

授業開始と同時にタオルを見せる。また，タオルを持った子どものイラスト（表紙の真ん中）だけ提示する。

『それしか ないわけ ないでしょう』ヨシタケシンスケ /作（白泉社）

「タオルだ！」という声を受けて，「タオルの使い方を知っていますか」と問いかける。ほとんどの子どもは「手や身体をふく」と答えるだろう。そこで「こんな使い方をしている人もいるようです」と言って，タオルを頭にかぶっているイラストを見せて発問する。

発問1 手や身体をふく以外にどんな使い方があるでしょうか。

次のような考えが出されるだろう。
・座るときにお尻の下に敷く。
・昼寝するときにおなかにかける。

いろいろな使い方を知る

それぞれの使い方を共感的に受け止めた後，「こんな使い方をしている人もいます」と言って，次の3つのイラストを提示する。
A　バッグのように使っているイラスト
B　ぬいぐるみを抱っこしているイラスト
C　頭に巻いているイラスト

子どもたちは口々に「おもしろい」などと言いながら楽しそうに見るだろう。

発問2 こんな使い方は「いいな」「おもしろいな」「なるほど」と思ったのはどれですか。

次のような考えが出されるだろう。
・バッグみたいに使うなんておもしろい。
・ぬいぐるみを抱っこするのに使っているのがかわいい。

・頭に巻くと海賊みたいでかっこいい。

へんな使い方？

「タオルにはいろいろな使い方があっておもしろいですね」と言った後，次の言葉を提示して発問する。

> へんな使い方だね

発問3 でも自分とちがう使い方をしている人を見てこんなことを言う人がいたらどう思いますか。

少し自分で考えさせた後，近くの子ども同士で交流させ，発表させる。次のような考えが出されるだろう。
・使い方は人それぞれだから「へん」とか言ったらだめだと思う。
・人の気持ちを考えない人だと思う。

どんなことを言ってあげる？

表紙右下のタオルをおでこで結んでいるイラストを提示する。思わず笑う子どももいるだろう。そこで発問する。

発問4 こんな使い方をしている人がいたら，何と言ってあげますか？

自分の考えを書かせて発表させる。次のような考えが出されるだろう。
・おもしろい結び方をしているね。
・十字になっていてかっこいいよ。
・汗が出ても大丈夫だね。
それぞれの考えのよさを受け止めて言う。「こんなふうに言われたらとてもうれしいでしょうね」

【こんな時期に活用しよう】

・授業中の意見などに対してからかうような雰囲気が出始めた時期

授業中にユニークな考えを出したとき，「えーっ」などと言って，認めようとしない雰囲気が気になる時に活用する。

・ちょっとしたちがいを認めようとしない雰囲気が見られるとき

服装や髪型，持ち物，しぐさなどちょっとしたちがいを取り上げて，からかったり笑ったりするような言動をする子どもがいるときに活用する。

⏱ 5分でできる ⏱

① タオルの使い方を知っているか問いかけた後，おもしろいタオルの使い方をしているイラスト（A・B・C）を提示して，発問2をする。
② 「へんな使い方だね」という言葉を提示した後，発問3をして，否定的な言葉に対する意識を高める。

授業のポイント解説

〈導入〉

実物のタオルを見せることによって，何をするんだろうという興味関心を高める。

〈発問〉

発問2では，自分たちが思いつかない考えに意味づけさせることで，ちがう考えを知ることの楽しさに気づかせる。

発問3では，ちがう考え方を自分たちで意味づけさせることにより，その他の場面でもよい意味づけができるようにしていく。

〈事後指導〉

日々の授業などで，おもしろい考えを出す子どもがいたら積極的に取り上げて，さまざまな考えを出すことのよさを学級全体に広げていく。

(青木結紀)

多様性を大切にしよう

5. 好きなものを好きと言える未来へ

ねらい 好きなものを好きと表明しにくい場合があることに気づき，誰もが好きなものを言える学級にしていこうとする意識を高める。

小学校低学年
小学校中学年
小学校高学年
中学校

関連する主な内容項目 B 相互理解，寛容

好きなものを好きと言える未来へ

「ある絵本の帯に，気になる言葉を見つけました」と言って次のように提示する。

> □□なものを□□と言える未来へ

「空欄には同じ言葉が入ります」と言って，考えさせる。次のような言葉が出されるだろう。

・好き　・上手　・素敵　・いや

一通り意見が出たところで，「好き」が入ることを伝えて音読させ，発問する。

発問1 どういう意味でしょうか。

出された考えをもとに，「自分の好きなものを自由に好きと言える世界にしていこうということ」とまとめた後，「あなたの好きなものは，何ですか」と問いかける。

次のようなものが出されるだろう。

・食べもの　・スポーツ　・ゲーム　・服

「好きなものを好き」というのは簡単か？

子どもから出された「好きなもの」を受け止め，発問する。

発問2 「好きなものを好き」と言うのは，簡単なことですよね。

簡単だと思う人は〇，簡単ではないと思う人は×をノートに書かせて発表させる。次のような考えが出されるだろう。

【〇派】

・好きなことは人それぞれなので，それを好きと言えばいいだけだから。

【×派】

・「そんなものが好きなの？」と変に思われるといやだから。

どの意見も肯定的に受け止める。ここでは，「好きなものを好き」と簡単に言えない子どもの気持ちをしっかりと取り上げたい。

誰もが「好き」と言えるために……

「帯がついていたのは，この絵本です」と言って，「ピンク」を空欄にして表紙を提示する。空欄に入る色を考えさせる。次のような色が出されるだろう。

・黒　・白　・青　・赤　・緑

出尽くしたところで，「ピンク」が入ることを知らせる。「えっ？」という表情をする子どもがいたら，理由を聞いてみる。

「ピンクは女の子が好きな色だと思うから
ちょっと意外だった」というような理由が出
されるだろう。そこで，「男の子がピンクを
好きなのは変ですか？」などと問いかける。

『ピンクはおとこのこのいろ』文：ロブ パールマン，
絵：イダ カバン， 訳：ロバート キャンベル
KADOKAWA

「好きなものを好き」と簡単には言えない
場合があることに気づかせた後，発問する。

| 発問3 | ○年○組は，誰もが「好きなも
のを好きと言える」クラスに向
かっていると思いますか。 |

次の４段階で評価させる（４…向かってい
る　３…まあまあ向かっている　２…あまり向
かっていない　１…向かっていない）。４の理
由から発表させ，最後に低評価の意見を聞く
ことで，問題意識を高める。

| 発問4 | 誰もが「好きなものを好き」と
言えるクラスになるために，あ
なたができそうなことは何です
か。 |

自分の考えをノートに書かせ，数人に発表
させて授業を終える。

【こんな時期に活用しよう】

・好きなものをめぐってからかいが見られる
　時期

　好きな色やキャラクターなどが原因で，「男
の子みたい」「女の子みたい」などというか
らかいが見られることがある。このような時
期に活用することによって，好きなものは人
それぞれであり，お互いを認め合っていこう
とする意識を高めることができる。
・ジェンダーに関する授業を行う時期

　ジェンダーについての授業を計画している
時期に関連して活用することによって，より
学びを深めることができる。

⏱ 5分でできる ⏱

① 　本の帯の言葉を提示した後，発問１
　をして言葉の意味をとらえさせる。
② 　表紙を提示して，好きでも言いにく
　い場合があることを確認した後，発問
　３をして，学級の実態を振り返らせ，
　よりよい学級にしていこうとする意識
　を高める。

授業のポイント解説

〈導入〉

　ある絵本の帯の気になる言葉という投げか
けをすることによって，どんな言葉だろうと
いう興味関心を高める。

〈発問〉

　発問２で挑発的に問いかけることにより，
簡単ではない場合もあるのではないかという
考えを引き出す。ここで出された考えが表紙
の言葉を扱うときに深い学びにつながる。

〈事後指導〉

　朝の会などを活用して，好きなものを交流
し合う活動を行い，それぞれの好きなものを
「いいね」と認め合える雰囲気を醸成してい
く（教師も自己開示するとよい）。

（中川聡一郎）

多様性を大切にしよう

6. 見た目外国人でも

ねらい 見た目が外国人というだけで，関西弁を使いづらくなった人の思いに気づき，誰でも気持ちよく暮らせる環境にしていきたいという意識を高める。

小学校低学年
小学校中学年
小学校高学年
中学校

関連する主な内容項目 B 相互理解，寛容

関西弁は気持ち悪い？

　授業開始と同時に次の言葉を提示して「誰が言われたのでしょうか」と問いかける。

> 関西弁でしゃべると気持ち悪い
> 　　　　朝日新聞 2023 年 3 月 10 日付，以下同

　なかなかわからないだろう。そこで「言われたのはこの人です」と言って名前を提示する。

> 田中　ウィリアム　※氏名は仮名

　名前を見てひらめいた子どもに発表させる。次のような考えが出されるだろう。
・外国人なのに関西弁をしゃべったから言われたのでないか。
・まさか関西弁をしゃべるとは思わなかったから言われたのではないか。
　意見を受け止めた後，「ウィリアムさんはこの出来事を次のような題名をつけて新聞に投稿しています」と言って題名を提示する。

> 見た目外国人でも方言話します

　題名を音読させた後，発問する。

発問1 見た目が外国人だから，「気持ち悪い」と思われても仕方ないのでしょうか。

　仕方ないと思えば○，おかしいと思えば×を選ばせ理由を書かせる。ほとんどの子どもは，次のような理由で×を選ぶだろう。
・外国人でもどんな言葉を使っていい。
・自分が言われたらどんな気持ちになるか考えた方がいい。
　○の子どもがいたら，考えを発表させて議論させる。やっぱり仕方ないと思うのはおかしいという方向に話し合いが進むだろう。

足りないものは？

　話し合いを受けて発問する。

発問2 「気持ち悪い」などと言う人に足りないものは何でしょうか。

　自分の考えを書かせる。グループで交流させた後，全体に紹介したい考えを発表させる。次のような考えが出されるだろう。
・相手を思いやる気持ち
・好きな言葉を好きなように使っていいとい

う考え

・自分の言葉が相手を傷つけているかもしれないと考える力

ウィリアムさんの思い

「ウィリアムさんは，"気持ち悪い"と言われてから，次のようになってしまったそうです」と言って，次の言葉を提示する。

> 大阪生まれの大阪育ちにもかかわらず，関西弁でしゃべることに抵抗を感じるようになりました。

範読した後，「あなたが生まれ育ったところの言葉を使ったとき"気持ち悪い"と言われたらどんな気持ちになりますか」と問いかける。次のような考えが出されるだろう。
・悲しくなる。
・腹が立つ。
・こんなことを言う人とは会いたくない。
　それぞれの思いを受け止めて発問する。

[発問3] 見た目が外国人の人にも「日本に生まれてきてよかった！」と思ってもらうためにできそうなことは何ですか？

自分にできそうなことを書かせた後，発表させる。次のような考えが出されるだろう。
・見た目で決めつけないようにする。
・見た目でいやなことを言われている人がいたら大丈夫だよと声をかける。
　一つ一つの意見を頷きながら受け止めた後，「こんなことができる人が増えたら，ウィリアムさんも安心して関西弁でしゃべることができるでしょうね」と言って授業を終える。

【こんな時期に活用しよう】

・転校生が入ってきた段階

外国籍の子どもや外国人に見える子どもが転入してくることがある。そのような子どもは，「自分は上手く受け入れてもらえるだろうか」「友達ができるだろうか」という不安を抱えている。このような機会に活用することによって，自分たちの学級でよかったと思ってもらおうとする言動をしようとする意識を高めることができる。

⏱ 5分でできる ⏱

① 投稿の題名と投稿者の名前を提示して，ウィリアムさんはどんなことを書いたのか問いかける。
② 見た目が外国人の人が関西弁でしゃべると気持ち悪いと言われたことを伝えて発問2をする。

授業のポイント解説

〈導入〉

最初にひどい言葉を提示することによって，「こんなことを言うなんて」という強い思いを引き出し，教材に対する興味関心を高める。

〈発問〉

発問2で，見た目だけでひどい言葉を投げかける人に足りないものを出させることによって，自分はそんなことを言いたくないという意識を高めることができる。自分ではどうしようもないことを否定することを差別ということも押さえたい。

〈事後指導〉

新聞や市報などをもとに，折に触れて日本に住むさまざまな人の事例を紹介し，社会は多様な人々で成り立っているという意識を高めていく。

（鈴木健二）

多様性を大切にしよう

7.「空気」を読んでも従わない

ねらい いつの間にか「空気」を読んで、気持ちと反することに従ってしまっている自分がいることに気づき、「生き苦しさ」のない学級にしていきたいという気持ちを高める。

| 小学校低学年 |
| 小学校中学年 |
| 小学校高学年 |
| 中学校 |

関連する主な内容項目 Ａ 善悪の判断、自律、自由と責任
（中学は、「自主、自律、自由と責任」）

断れなかった経験は？

「ある本にこんなことが書いてありました」と言って、次の文章を提示する。

> あなたは、人からなにか頼まれた時に、本当はイヤだと思っているのに、なかなか、断れなかったりしませんか？
> 『「空気」を読んでも従わない』鴻上尚史 著
> （岩波ジュニア新書）「はじめに」ⅲより

範読した後、「自分にも思い当たることがある人はいますか」と問いかける。

多くの子どもが挙手するだろう。どんな経験だったのかを言える子どもがいれば発表させる。次のような考えが出されるだろう。

・用事があったけど、遊びに誘われて断れなかった。

・やりたくなかったことを、みんながやろうと言うので、断れなかった。

それぞれの経験を「先生も同じような経験があります」と言って受け止める。

「空気」を読んでも従わない

「この文章が書かれていたのは、この本です」と言って表紙を提示し、発問する。

発問1 「空気」とはどういうことでしょうか。

わかる子どもがいれば説明させ、次のように整理する。

> 何となく逆らえないようなその場の雰囲気

『「空気」を読んでも従わない』鴻上尚史著
（岩波ジュニア新書）

「空気を読めと言われたことがある」などという子どももいるかもしれない。子どもの発言を受けて発問する。

発問2 『「空気」を読んでも従わない』という行動ができそうですか。

できそうと思えば○、ちょっと難しいかもと思えば×を選ばせ、理由を書かせる。となり同士で交流させた後、発表させる。

【○の理由】

・いやなことはいやと言うことにしているので，できそう。

【×の理由】

・自分だけ「空気」に逆らうのは難しいような気がする。

・これまでも，何となく「空気」を読んで従ってきたから，これからもそうなりそう。

　それぞれの考えを共感的に受け止めた後，「空気に従いたいですか」と問いかける。「本当は従いたくない」という子どもが多いだろう。

従わない行動をするには？

　従いたくないという反応を受け止めて発問する。

> 発問3 どうしたら「空気」を読んでも従わない行動ができるようになるのでしょうか。

　自分の考えを書かせた後，グループで交流させる。全体に紹介したい考えを各グループから発表させる。次のような考えが出されるだろう。

・自分の考えは日頃からちゃんと言うようにしておけば，「空気」を読んでも従わないで自分の考えを言いやすくなる。

・「空気」を読む雰囲気が出てきたら，他の考えもあるんじゃないかと言って，誰でも自分の考えを言いやすいようにする。

　それぞれの考えのよさを意味づけした後，「一人一人がこんな考えをもつことができたら，"空気"を読んで無理して従わなければならないような学級にならなくてすみそうですね」と言って授業を終える。

【こんな時期に活用しよう】

・**4月の早い段階**

　4月当初に活用することによって，学級の「空気」に関係なく，お互いの考えを認め合い，大切にしていこうとする意識を高めることができる。

・**誰かの考えに合わせようとする雰囲気が出てきたとき**

　人間関係が深まってくると発言力の強い子どもが固定し始め，学級の「空気」をつくるようになる。この時期に活用することによって，いやな「空気」の漂わない学級にしていこうとする意識を高めることができる。

⏱ 5分でできる ⏱

① 本の表紙を提示して，「空気」の意味を共通理解させる。

② 発問3をして，「空気」を読んでも従わないでよい学級にしていきたいという意識を高める。

授業のポイント解説

〈導入〉

　授業開始と同時に，本の中の問いかけを提示することによって，いつの間にか「空気」を読んでしまい，気持ちに反する行動をしている自分に気づかせる。

〈発問〉

　発問3で出された考えを意味づけさせることによって，自分たちの力で学級をよりよくしていけるのではないかという見通しをもたせることができる。

〈事後指導〉

　日々の授業などで，少数派でも自分の考えを述べている子どもを賞賛し，多様な考えが出されることの大切さを意識させていく。

(鈴木健二)

多様性を大切にしよう

8. みんなとちがうのは悪いこと？

ねらい　「みんなとちがうのは悪いこと？」という問いについて考えることを通して，ちがいを大切にしてよりよい学級にしていきたいという意識を高める。

小学校低学年
小学校中学年
小学校高学年
中学校

関連する主な内容項目　C 公正，公平，社会正義

みんなとちがうのは悪いこと？

　授業開始と同時に「ある本を読んでいたらこんな言葉がありました」と言って表紙を提示した後，次の言葉を提示する。

『差別ってなんだろう？③ 国や文化，生い立ちがちがっても』好井裕明 監修（新日本出版社）

> みんなとちがうのは悪いこと？

発問1　あなたはどう思いますか。

　悪いことだと思えば○，悪いことではないと思えば×を選ばせて理由を書かせる。

　ほとんどの子どもは×を選ぶだろう。
　となり同士で交流させた後，理由を発表させる。
　次のような考えが出されるだろう。
・一人一人ちがっていて当たり前だから。
・みんな同じだったら，気持ち悪いから。
・みんなちがっていたほうが楽しいから。
　それぞれの理由を共感的に受け止めて次のように言う。「みんなとちがうことはいいことだと考えている人が多いですね」

みんなとちがうだけで差別される人

　「でもこんな目に遭っている人がいるのです」と言って，次のような事例を提示する。

> 事例1　見た目が外国人というだけで，生まれ育ったところで身についた関西弁を使ったら気持ち悪いと言われた。
> 事例2　両親が中国人なので，中国人の名前をつけてもらっただけなのに「名前が変」と言われた。
> 事例3　朝鮮人だとわかったら，通学途中の電車やバスでいやがらせをされた。

発問2 このようなことをする人のこと
をどう思いますか。

次のような批判が出されるだろう。
・外国人というだけでこんなことをするのは
　ひどすぎる。
・相手の気持ちがわからないはずがないのに
　こんなことをするなんて信じられない。
・自分が外国でこんなことをされたらどんな
　気持ちになるかを考えたほうがいい。
　それぞれの考えを意味づけながら受け止め
て学級全体で共有する。

悲しい思いをする人をへらすには？

「差別をされて悲しい思いをする人をへら
したいですか」と問いかける。ほとんどの子
どもはへらしたいと考えるだろう。その思い
を受け止めて発問する。

発問3 悲しい思いをする人をへらすた
めにあなたができそうなことは
何ですか。

自分の考えを書かせた後，グループで交流
させる。学級全体に紹介したい考えをグルー
プで一つ選ばせて発表させる。
　次のような考えが出されるだろう。
・見た目で差別しないということを自分に言
　い聞かせる。
・ちがっているところがいいねと声をかける。
　最後に「みんながこんな思いをもつように
なれば，ちがいを大切にする学級になりそう
ですね」と言って授業を終える。

➡ p.96 **コラム** **1時間の道徳授業に発展**

【こんな時期に活用しよう】

・新しい学年がスタートする時期
　お互いをよく知らない状況の中で，ちょっ
と個性的な子どもがいると変な目で見られ，
それが差別につながっていく場合がある。
　このような時期に活用することによって，
さまざまなちがいを認め合っていこうとする
意識を高めることができる。

・ちょっとしたちがいでトラブルが起きる時
　期
　ちょっとしたちがいでからかわれたり，バ
カにされたりするような状況が生まれること
がある。
　そのような時期に活用することによって，
一人一人のちがいを大切にしていこうとする
意識を高め，トラブルを軽減することができ
る。

⏱ **5分でできる** ⏱

① 表紙と「みんなとちがうのは悪いこ
　と？」という言葉を提示して発問1を
　する。
② 差別の事例を提示した後，発問3を
　してできそうなことを考えさせる。

授業のポイント解説

〈発問〉
　理不尽な理由で差別を受けた人の事例をも
とに考えさせることによって（発問2），差
別する側を批判的にとらえさせ，差別はおか
しいという意識を高める。

〈事後指導〉
　教室で起きる差別的言動を見逃さないで取
り上げ，学級全体で考える機会を設定して，
意識の持続を図る。

（鈴木健二）

多様性を大切にしよう

9. 男女平等について考えよう

ねらい 日本の男女平等度は，世界でも最下位に近い状況であることを知るとともに，自分たちの学級における男女の差に気づいて，よい方向に変えていこうとする意識を高める。

小学校低学年
小学校中学年
小学校高学年
中学校

関連する主な内容項目　C 公正，公平，社会正義

何のランキング？

授業開始と同時に表の1位から10位までを提示して（男女平等ランキングは隠しておく），何のランキングか問いかける。

男女平等ランキング

順位	国名 （主な国の抜粋，146 カ国対象）
1	アイスランド
2	ノルウェー
3	フィンランド
4	ニュージーランド
5	スウェーデン
6	ドイツ
7	ニカラグア
8	ナミビア
9	リトアニア
10	ベルギー
43	米国
105	韓国
107	中国
125	**日本**
146 （最下位）	アフガニスタン

世界経済フォーラム
「ジェンダーギャップ報告書 2023」より作成

さまざまなランキングが出されたところで，「男女平等ランキング」という言葉を提示する。

「日本は何位かな」などという声を受けて「日本は何位だと思いますか」と問いかける。

11位，30位，100位などという声が上がるだろう。そこで，表の下のほうをゆっくり提示していく。125位であることに驚く子どもが多いだろう。

発問1 日本の順位を見て思ったことがありますか。

思ったことを自由に発表させる。
次のような考えが出されるだろう。
・そんなに低いとは思わなかった。
・男女差別があるのかな。
・もっとランキングを上げてほしい。
・ショックを受けた。
日本の場合，女性の政治参加率や経済面（同一労働における男女の賃金格差など）などの順位が低いことがランキングを落としている要因であることを伝えた後，発問する。

このままでいいの？

発問2 政治参加率や経済面だったら，私たちに影響ないので，このままでもいいですね。

いいと思えば○，よくないと思えば×を選ばせ，理由を書かせる。ほとんどの子どもは×を選ぶだろう。となり同士で交流させた後，発表させる。次のような考えが出されるだろう。

【○派】
・特に問題を感じないからこのままでいいと思う。

【×派】
・同一労働なのに女性の賃金が低いというのはおかしいし，生活にも影響する。
・政治が男性の考えだけで進められたら私たちの生活にも影響があるかもしれない。

　それぞれの考えを共感的に受け止める。○派の子どもも男女で格差があってもよいという考えではないことを確認しておく。

この学級では？

　「○の人も×の人も，男女差別があってはいけないということでは一致していましたね」と言って発問する。

発問3　この学級でも男女の差を感じることがありますか。

　「ある」と考える子どもに発言させる。
　次のような考えが出されるだろう。
・大切なことを男子中心で決めてしまうこと。
・掃除や片付けのとき，女子が真面目に働いているのに，手を抜いている男子がいること。

　それぞれの考えを受け止めた後，男女の差を少なくするために自分にできそうなことを考えさせ，グループで交流させる。よい考えを学級全体で発表させて授業を終える。

【こんな時期に活用しよう】

・**男女がぎくしゃくしている時期**
　発達段階によっては，男女の間がぎくしゃくすることがある。そのような時期に活用することによって，お互いの立場を大切にして仲良くしていこうとする意識を高めることができる。

・**夏休み明け**
　夏休み明けの人間関係に対する意識が低下している時期に活用することによって，友達とのつきあい方に対する気持ちを引き締めることができる。

⏱ 5分でできる ⏱

① 表をすべて提示して発問1をする。
② 発問3をして，自分たちの学級の男女の差を考えさせた後，これからできそうなことを発表させる。

授業のポイント解説

〈導入〉
　ランキングの10位までを示した後，日本の順位を示すことによって，どうしてこんなに低いのだろうという問題意識を高める。

〈発問〉
　発問2で政治参加率や経済面の男女格差が自分たちの生活にも影響を与える可能性があることに気づかせ，男女平等ランキングを上げていく必要があるという意識を高める。

〈事後指導〉
　社会における男女格差の話題を朝の会で時々取り上げることで意識を持続させるとともに，学校における男女の差をなくそうとする言動をキャッチして賞賛し，身近な出来事に対する意識も高めていく。

（鈴木健二）

コラム 1時間の道徳授業に発展
「8.みんなとちがうのは悪いこと?」の授業

行動する傍観者とは?

　発問3で自分ができそうなことを出させた後,「本にはこんな言葉が紹介してありました」と言って,「アクティブ・バイスタンダー」と板書する。

　「どういう意味でしょうか」と問いかける。わかる子どもはいないだろう。そこで,「日本語に訳すとこうなります」と言って次の言葉を提示する。

> 行動する傍観者

　音読させた後,発問する。

発問3-2 ただの傍観者とはどのようにちがうのでしょうか。

　次のような考えが出されるだろう。
・傍観者はただ見ているだけだけど,何か行動する人
・差別されている人を助ける行動をする人
　出された考えを共感的に受け止めて説明する。
「"ハラスメントやいじめ,性暴力,差別的な言動に第三者が適切にかかわることで被害を軽減し得る行動"をする人のことです。この本では,5つの行動が提案されています」と言って,次の行動を提示する。(『差別ってなんだろう?③国や文化,生い立ちがちがっても』好井裕明監修(新日本出版社)p.40)

> 注意をそらす　第三者に助けを求める　記録する
> 後で対応する　直接介入する

　手元に本があれば,5つの行動について具体的に紹介するとよい。「行動するときに気をつけることとして,次のように書かれています」と言って留意点を提示する。

> いずれも危険を伴う場合があるので,被害者と自分自身の安全が確保できているか,自分の行動によって状況が悪化しないかの確認が必要だ。　　　　　　　(前掲書 p.40 より)

　「この本で提案されていることも参考にして行動できると,一人一人のちがいを大切にする学級になりそうですね」と言った後,学んだことを書かせて授業を終える。

第5章

いじめを解決しよう

いじめを解決しよう

1. 「あそび」と「いじめ」を見分けた後は?

ねらい 「あそび」か「いじめ」かを見分けるだけでは「いじめ」をなくすことができないことに気づき,見分けた後の行動を大切にしていきたいという気持ちを高める。

| 小学校低学年 |
| 小学校中学年 |
| 小学校高学年 |
| 中学校 |

関連する主な内容項目 A 善悪の判断,自律,自由と責任
（中学は,「自主,自律,自由と責任」）

「あそび」と「いじめ」を見分けるには?

授業開始と同時に,ポスターの言葉をぼかして提示し,どんなことを伝えたいポスターなのかを考えさせる。

雲南市「いじめ防止及び根絶のためのポスター」
（2014年）

次のような意見が出されるだろう。
・暴力はよくない。
・集団で一人を攻撃してはいけない。
・いじめを楽しんでいる人たちがいる。

考えが出尽くしたところで,ポスターの言葉「考えて,それってあそび?それともいじめ?」を提示して発問する。

発問1 あなたは「あそび」か「いじめ」かを見分けることができますか。

見分けることができると思えば〇,見分けることができないと思えば×を選ばせノートに書かせる。子どもたちの多くが〇を選ぶだろう。挙手で意思表示をさせ,〇を選んだ子どもたちに,どうやって「あそび」と「いじめ」を見分けるかを発表させる。

経験をもとに次のような意見を出すだろう。
・されている人の顔で見分ける。つらそうだったらいじめ。
・していることが,人の心や体が傷つくかどうかで見分ける。

×を選んだ子どもたちは友達の意見を聞くことを通して,見分ける方法を学ぶだろう。

いじめが起きてしまう原因をさぐる

発問2 多くの人が「あそび」か「いじめ」かを見分けることができるのに,どうしていじめが起きてしまうのでしょうか。

個人で考えさせた後，グループで交流をさせる。グループの代表者に，他のグループに一番紹介したいと感じた意見を発表させる。

次のような意見が出されるだろう。

・いじめだとわかっても，自分のことではないから，見て見ぬ振りをして，いじめを止めようとしないから。

・「いじめ」だと気づいても，みんながおもしろがっていると，「いじめではないのかも」という気持ちになってしまうから。

・いじめだと気づいても，いじめている人に声をかけたら，今度は自分がいじめられるかもしれないと不安に思っていじめを止められないから。

発問3を考えやすいように，発問2で出された意見を以下のように要約し板書する。

> ・見て見ぬふり
> ・次は自分がいじめられる
> ・勇気がでない
> ・みんなの行動に流される

「あそび」と「いじめ」を見分けた後を考える

> 発問3 「いじめ」だと気づいたときにどんな行動をすると助けることができるでしょうか。

子どもたちは黒板の言葉を参考にして次のような意見を出すだろう。

・見て見ぬふりをせずにいじめを止める。

・誰かが止めに入ったら，その子に協力する。

・いじめに気づいたときに，その気持ちに自信をもって，いじめを止める。

最後に学んだことを書かせて授業を終える。

【こんな時期に活用しよう】

・「あそび」と称するいじめをしていることに気づいていない子どもがあらわれたとき

学級の中に，「プロレスやボクシングの練習相手を無理矢理させる」，「一人をターゲットにしてみんなで無視をしようとする」というように，相手の気持ちを考えず自分の楽しさを優先させて，「あそび」と称するいじめをする子どもがあらわれたときに実施することで，「あそび」と言えば許されるという学級文化の広まりを防ぐことができる。

⏱ 5分でできる ⏱

① ポスターを提示して，発問1をする。見分けることができるかどうか挙手をさせ，発問2をして議論する。

② 発問3をして，「これなら自分もできる」という方法を1つノートに書かせる。

授業のポイント解説

〈導入〉

いかにもいじめをしているような嫌な雰囲気のポスターの絵を示すことによって，緊張感をもって教材に向き合おうとする意識を高める。

〈発問〉

多くの人が「あそび」と「いじめ」を見分けることができることを押さえた上で，発問3をすることによって，いじめを防ぐことの難しさを実感させる。

〈事後指導〉

授業後は，学びを行動に結びつけるために，さまざまな情報を提示していく（たとえば，「傍観者がいじめを止める行動を起こすと約6割のいじめが10秒以内に止まる」という和久田学氏の主張など）。

(猪飼博子)

いじめを解決しよう

2. まわりの人間ができること

ねらい 4つの役割を知ることによって，自分にもいじめを解決するためにできることがあることに気づき，自分にできる役割を果たしていこうとする意識を高める。

小学校低学年
小学校中学年
小学校高学年
中学校

関連する主な内容項目 C 公正，公平，社会正義

こんな相談にどう答える？

授業開始と同時に「こんな相談をしている人がいました」と言って，次の言葉を提示する。

> クラスでいじめがあります。私は気づいていますが，次のターゲットにされたくないのでなにもできずにいます。

発問1 あなたはどう答えますか。

自分の考えを書かせた後，となり同士で交流させ，発表させる。次のような考えが出されるだろう。
・いじめられている人をなぐさめる。
・いじめている人にやめるように言う。
・友達と協力していじめをやめさせる。
出尽くしたところで「自分が次のターゲットにされるかもしれないと思っても，できそうですか」と問いかける。
じっと考え込む子どもが多いだろう。
「いじめられている人を助けたいと思っても，現実的にはなかなか難しそうですね」と子どもたちの思いに共感する。

まわりの人間にできることは？

「まわりの人間にできることとして4つの役割があると書いている人がいました」と言って，次のイラストを提示する（「いじめ，チクることはすごく大事」は隠しておく）。

withnews（2019年8月15日付）
イラスト：©hint

発問2 4つの役割について質問はありませんか。

質問が出されたら，イラストをもとに説明できそうな子どもに発言させた後，補足する（withnews.jp に掲載されていた内容を簡潔にしたもの）。
・**通報**…信頼できる教師に話す。数人で行ってもよい。

- **シェルター**…気持ちの避難所になるような
  コミュニケーションをとる。いじめる人が
  いないところで「話を聞くよ」「つらいよね」
  と声をかける。
- **スイッチャー**…嫌な空気をちょっとでも変
  えられるような行動をとる。からかわれて
  いる人がいたら，話題を変えたりする。
- **記録**…目撃したときの記録をとる。いつ・
  どこで・どんな状況で，誰が・どんな顔を
  していたのか。見ていた自分はどんな気持
  ちだったのかをメモしておくと証拠にな
  る。

自分にできそうなことは？

発問3 4つの役割の中で自分にもでき
そうな行動はどれですか。

　できそうだと思う行動を選ばせる。複数選
ばせてもよい。ここでは特に発表はさせない
で，静かに考えさせる時間をとる。
　「このイラストには，こんな言葉がありま
した」と言って，次の言葉を提示する。

> 「いじめ，チクることはすごく大事」

　音読させた後，「いじめる人が，チクるな
と言うのはばれるのがこわいからなのです。
"チクることはすごく大事"という言葉を
しっかり胸に刻んでおきましょう」と気持ち
を込めて語りかける。最後に「4つの役割の
どれか一つでもできる人が増えると，いじめ
られる人が救われます。そんな学級になりそ
うですね」と言って授業を終える。

➡ p.110 **コラム** 1時間の道徳授業に発展

【こんな時期に活用しよう】

- **4月のできるだけ早い時期**
  　学級がスタートして間もない時期は，お互
  い様子を見ている段階なので，いじめなどが
  発生しにくい。まだ何も発生していないとき
  に先手を打って，いじめに対応する方法を共
  通理解しておくことで，いじめを抑制すると
  ともに，これまでいじめを受けたり見たりし
  て不安な気持ちをもっていた子どもたちに安
  心感を与えることができる。
- **いじめの兆候が感じられる時期**
  　人間関係に慣れてくると，いじめにつなが
  りそうな言動が見られるようになる場合も出
  てくる。そのような時期に活用することで，
  学級の多くの子どもたちがいじめをなくすた
  めの行動をする意志があることを示し，いじ
  めに発展する前に行動を抑制できる。

⏱ 5分でできる ⏱

① 相談内容を提示して発問1をする。
② 4つの役割のイラストを提示して簡
潔に説明し，発問3をしていじめをな
くしていきたいという意識を高める。

授業のポイント解説

〈導入〉
　いじめに関する具体的な相談内容を提示す
ることによって，「どう答えたらいいだろう
か」という問題意識を高める。
〈発問〉
　いじめ問題には，多くの子どもが無力感を
感じている。しかし，できそうな行動を示し
て考えさせることによって，一歩踏み出そう
とする意識を高めることができる。
〈事後指導〉
　4つの役割のイラストを教室に掲示して毎
月初めに確認し，気になることがあったらす
ぐ行動に移そうとする意識を持続させていく。

（鈴木健二）

いじめを解決しよう

3. いじめを止められる人か，進行させる人か

ねらい 周りの人の行動によっていじめを止めるか進行させるかの2つの道に分かれることを知り，いじめを止められる人になろうという気持ちを高める。

小学校低学年
小学校中学年
小学校高学年
中学校

関連する主な内容項目　C 公正，公平，社会正義

いじめを止めるか進行させるか

　「新聞を読んでいたら，気になる投書がありました」と言って，題名と投稿者，書き出しの一文を提示する。

いじめをなくすために

世古口恵介　小学6年　（愛知県知立市）

　いじめ予防教室で学んだことは三つあります。
　一つ目はいじめをした人がどう思っているかは関係なく，やられた人が体や心に傷を受けたかどうかで決まるということです。遊びの半分でちょっかいを出したり，たたいたりしてはいけないと思いました。
　二つ目はいじめられる人がいじめられることによって「やめて」と言えなくなることです。ストレスでいじめてしまうこともあると初めて知りました。
　三つ目は周りで見ている人の行動によって，いじめを止めるか，進行させるかの二つの道に分かれるということです。
　ぼくは周りの人になると思うので先生や大人の人に伝えたり，止めたりしたいと思います。習ったことをわすれずに，できるだけみんなが認め合えるようにがんばりたいです。

中日新聞 2021 年 9 月 28 日付

　そして，「世古口さんはいじめ予防教室で，どんなことを学んだのでしょうか」と言って，学んだことの1つめと2つめを，読み聞かせる。その後，「3つめにはこんなことが書かれていました」と言って，一部を隠して提示する。

　三つ目は　　　　　　　　　　によって，いじめを止めるか，進行させるかの二つの道に分かれるということです。

　「いじめを止めるか進行させるかは，何によって決まるのでしょうね」と問いかけ，子どもたちに予想させる。その後，「周りで見ている人の行動」が入ることを伝え，発問する。

発問1 この考えに納得できますか。

　次のような理由で「納得できる」を選ぶ子が多いだろう。
・周りで見ている人たちがいじめを無視すればいじめが進行するし，注意したり誰かに相談したりすればいじめを止められると思う。

場の空気を最初に変えるのは「傍観者」

　議論が一段落したところで，「いじめについての授業をしている団体（ストップいじめ！ナビ）は，こう言っています」と言って，

　いじめの場の空気を最初に変えるのは「傍観者」

という言葉
と，右の資
料を提示す
る。難しい
言葉は教師
が解説を加
えながら，
説明を読み
聞かせる。
そして，発
問する。

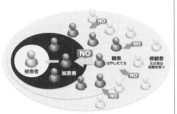

いじめの4層構造と「Yes・No」の空気

「いじめの4層構造（森田洋司）」を参考に，NPO法人ストップいじめ！ナビが作成

傍観者たちが「いじめはいけない」などと互いにささやき合ったりして「小さなNO」をたくさん発信し，観衆がはやし立てづらい空気をつくれば，次第にいじめを許容しない空気ができていく。

[発問2] 傍観者がどんな行動をすれば，いじめの場の空気を変えることができるのでしょうか。

　グループで考えさせた後，発表させる。次のような考えが出されるだろう。
・直接注意しなくても，「いじめはよくない」という雰囲気を出す。
・加害者に直接「だめ」と伝えなくても，観衆に「それはよくないんじゃない？」という「小さなNo」を発信し続ける。

自分を振り返る

　考えが出尽くしたところで，発問する。

[発問3] いじめを見つけたとき，あなたはいじめを「止められる人」ですか。それとも，いじめを「進行させる」人ですか。

　今の自分を振り返らせるとともに，いじめを止められる人になるためにはどうしたらいいのかを書かせて，授業を終える。

【こんな時期に活用しよう】

・**人間関係に気になる様子が見られるとき**

　いじめにつながるような言動が少しでも見られたときに活用することによって，観衆や傍観者としての意識を変え，行動に移そうとする意欲を高める。

・**教科書で「いじめ」に関する内容を取り扱うとき**

　教科書教材と連動させて活用することによって，相乗効果を高め，「いじめを許さない」「いじめを解決したい」という雰囲気を強化することができる。

⏱ 5分でできる ⏱

① 新聞の投稿を提示し，3つめの内容に対して，発問1で「納得できるか」を考えさせる。
② 「いじめの場の空気を…」という言葉と資料を提示し，発問2をする。

授業のポイント解説

〈導入〉

　投書の題名と書き出しを提示することによって，どんなことを学んだのだろうという興味関心を高める。

〈発問〉

　発問1で「納得できるか」を考えさせることで，新聞に書かれている内容を自分事として考えさせることができる。

〈事後指導〉

　授業後は，「ストップいじめ！ナビ」の資料を掲示するとともに，いじめに対する否定的な言葉を定期的に交流させ，傍観者の行動の重要性を強化していく。

（平井百合絵）

いじめを解決しよう

4.SOS ミニレター

ねらい	小さな悩みでも，誰かに相談することで不安が軽減されることに気づき，悩みがあるときには，SOS ミニレターに書いて相談してみようとする意識を高める。

	小学校低学年
	小学校中学年
	小学校高学年
	中学校

関連する主な内容項目 　A 個性の伸長 （中学は，「向上心, 個性の伸長」）

SOS ミニレターとは？

　授業開始と同時に「SOS ミニレター」の部分を提示して，「いったい何のことでしょうか」と問いかける。

出典：法務省人権擁護局

　次のような考えが出されるだろう。
・SOS は助けてほしいというときに使うものだから，何か困ったことを手紙に書いて助けてもらうということではないか。

　考えを共感的に受け止めた後，ポスターの上半分を提示する。

SOS ミニレターに書きたいことは？

　書かれている言葉を範読して発問する。

発問1　SOS ミニレターはどんなときに書くといいのでしょうか。

　自分の考えを3つ書かせた後，近くの子ども同士で交流させて発表させる。次のような考えが出されるだろう。
・友達とけんかして仲直りできないとき
・誰かにいじわるされて困っているとき
・叱られて落ち込んでいるとき
・何かに失敗して悔しいとき
・悲しいことがあったとき
・友達が悩んでいて自分ではどうしようもないとき
・進路で悩んでいるとき
・勉強がわからなくて困っているとき
　できるだけ数多くの例を出させることによって，SOS ミニレターのイメージをふくらませるようにする。

誰に出したいか？

SOS ミニレターのイメージがつかめたところで発問する。

> 発問2 SOS ミニレターは誰に出したいですか。

次のような考えが出されるだろう。

・担任の先生
・校長先生や教頭先生
・保健室の先生
・○○先生（校内のいろいろな先生）
・学級のみんな
・友達
・家族（お父さん，お母さんなど）

書く内容によって，さまざまな相談相手がいることに気づかせていく。

書いてみよう！

「ささやかなことでいいので，SOS ミニレターを書いてみましょう」と言って，用紙を配付し，書く練習をしてみる。

SOS ミニレター

相談したい人

相談したいこと

困っている人や困っていることがよくわかるように書こう！

「誰にも知られないように出したいときには，先生が協力するので，安心して書いてください」と言って安心感をもたせ，授業を終える。

【こんな時期に活用しよう】

・新学年の始まりの時期

新学年の始まりの時期は，多くの子どもが多かれ少なかれ不安を抱えている。そのような時期に活用することによって，悩みがあったら相談できる人がいるんだという安心感をもたせることができる。

・教育相談を実施する時期

教育相談を実施する日の前後に活用することによって，悩みの相談は担任の教師ばかりではなく，内容によっていろいろな人に相談できることに気づかせることができる。また，教育相談が設定してある日だけでなく，いつでも相談できるという安心感ももたせることができる。

> ⏱ **5分でできる** ⏱
> ① ポスターを提示し，発問1をする。
> ② 発問2で，いろいろな人に相談できることに気づかせる。

授業のポイント解説

〈発問〉

発問2によって，相談できる人は自分の周りにたくさんいることに気づかせていく。このような気づきが，実際に相談したくなったときに生きてくる。

〈事後指導①〉

いつでも「SOS ミニレター」を書けるように配付しておくとともに，授業の様子を学級通信などで保護者にも伝え，家庭との連携を図っておくとよい。

〈事後指導②〉

相談したいことの例や相談したい人の例，SOS ミニレターのシステムなどを一枚にまとめて掲示して活用しやすいようにする。

(鈴木健二)

※本来の SOS ミニレターは，最寄りの法務局宛てに届き，法務局の職員または人権擁護委員により一通，一通丁寧に返信されます。

いじめを解決しよう

5. いじめかもと思ったらすぐ相談しよう

ねらい いじめは，早く相談することによって解決できる可能性が高いことを知り，「いじめかも」と思ったら，すぐ相談しようとする意識を高める。

小学校低学年
小学校中学年
小学校高学年
中学校

関連する主な内容項目 C 公正，公平，社会正義

何のポスター？

提供：公益社団法人 ON THE ROAD

授業開始と同時に女の子の写真を提示して気づいたことや考えたことを発表させる。「暗い顔をしている」「何か悩みがあるのかな」などという考えが出されるだろう。

そこで，ポスターの全体を提示して，「何のポスターかわかりましたか」と問いかけ，「いじめを受けたら一人で悩まないで相談しようということを呼びかけているポスター」であることを確認する。

相談したらどうなるの？

発問1 いじめを受けたときに相談したらいじめがなくなると思いますか。

4段階（4…なくなる　3…ある程度なくなる　2…あまりなくならない　1…なくならない）で考えさせる。

次のような理由で，2や1と予想する子どももいるだろう。

・相談しても簡単にはやめないから。

・注意してもらうくらいではいじめはなくならないと思うから。

そこで，次のグラフを提示する。

相談した結果どうなったか

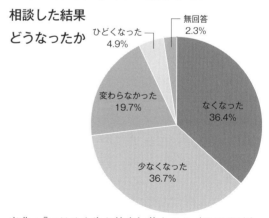

出典：『いじめを生む教室』荻上チキ（PHP新書）をもとに筆者作成

グラフの説明を簡単にした後，「いじめについて研究している人の調査結果から次の2つが大切だとわかっています」と言って次の2つを提示する。

---
① 相談はいじめをなくす効き目がある。
② 早く相談する程いじめを解決しやすい。

それぞれについて思いを込めて語る。
① 相談するとよけいいじめられると思っている人が多いのですが，実際は相談することによって，7割以上のいじめがなくなったり少なくなったりしているのです。
② 相談するときに大切なことは，もしかしていじめかもと感じたときにすぐ相談することです。早く相談する程いじめはなくなりやすいのです。

どうやって解決するの？

| 発問2 | 誰に相談したらいいのでしょうか。 |

教師，親，友達などが出されるだろう。
そこで「いじめのない学級にしたいですか」と問いかける。ほとんどの子どもが頷くだろう。子どもたちの様子を共感的に受け止めて言う。
「○○小（中）学校では，いじめの相談があったら，このように全力で解決していくことを学校全体で決めています」と言って学校のいじめ解決システムを提示する。
最後に「もしかしていじめかなと思ったら，された人も見た人も，安心して相談しやすい人に相談しましょう」と言って授業を終える。

【こんな時期に活用しよう】

・4月の早い段階
　4月初めに活用することによって，これまでいじめを受けた経験がある子どもにも相談すれば解決できるという安心感を与えることができる。

・いじめにつながる兆候が見られる時期
　学級に慣れてくると，力関係が現れるようになりいじめにつながる兆候が見られるようになることがある。
　このような時期に活用することによって，弱い立場の子どもに安心感を与えることができる。

⏱ 5分でできる ⏱

① ポスターを提示して発問1をする。
② 相談した結果のグラフと専門家の調査結果を提示する。
③ 学校のいじめ解決システムを提示して必ず解決することを伝える。

授業のポイント解説

〈導入〉
　うつむいた女の子の写真を何も言わずに提示することによって，「どうしたんだろう」という疑問を自然に引き出す。

〈発問〉
　データを活用することにより，発問1で出された考えを深め，何かあったら相談しようという意識を強くもたせる。

〈事後指導〉
　学校のいじめ解決のシステムを掲示しておいて，いつでも相談できるのだという安心感をもたせる（折に触れてシステムのことを話題にして解決行動への意識づけも行う）。

（鈴木健二）

いじめを解決しよう

6. 相談することは正しい行為

ねらい 相談（告発）は被害者のためだけでなく，加害者のためや次の被害者を出さないためになることを知り些細なことでも相談しようとする意識を高める。

小学校低学年
小学校中学年
小学校高学年
中学校

関連する主な内容項目 A 善悪の判断，自律，自由と責任
（中学は，「自主，自律，自由と責任」）

相談することを悩んでいる人がいたら

授業の開始と同時に，困っている子のイラストを提示する。そして，「この子はいじめを受けていて，こんなことに悩んでいるそうです」と言って，次の状況を説明する。

> 「先生や親に相談すると，『言いつけ』『チクリ』と言われそう」
> と思って，相談しようか悩んでいる

[発問 1] あなただったら，この子に何と声をかけますか。

次のような考えが出されるだろう。
・相談しないでいるとつらくなるだけだから，相談したほうがいいよ。
・「チクリ」と言われるのが不安，ということも伝えたらいいんじゃないかな。

子どもたちの意見を共感的に受け止めながら，「困っているときは相談したほうがよい」

という考えを全体で共有する。その後，「実はこの本には『大人に相談すること』について，こんなふうに書かれています」と言って，本の表紙と次の文を提示する。

『こども六法ネクスト おとなを動かす 悩み相談クエスト』
山崎聡一郎 監修（小学館）

> 大人に相談することは「言いつけ」「チクリ」といったずるい行いではなく，「告発」という正しい行為です。被害者だけでなく，加害者を救うためにも告発は必要です。
> 上掲書 p.31～32 より

相談することが加害者を救う？

「被害者のためになるのはわかるのですが……」と言いながら，発問する。

[発問 2] 相談することが，なぜ加害者を救うことになるのでしょうか。

近くの人と相談させながら，考えをまとめさせる。次のような考えが出されるだろう。

・加害者の子も，何か嫌なことがあっていじめをしてしまっているかもしれないから，相談して解決できれば，加害者の子も救われるのかもしれない。

子どもたちの意見を受け止めた後，「本には次のように書いてありました」と言って，次の文を提示する。

> なぜならいじめを続けると，いじめをすることが快感になったり，それが当たり前のことになったりしてしまうこともある。そのまま成長して，ハラスメントや人権侵害をする大人になる可能性だってある。大人に相談することは君のためだけじゃなく，加害者のため，次の被害者をなくすためでもあります。
>
> 前掲書 p.32 より

[発問3] この本から，どんなことが学べましたか。

各自学んだことをノートに書かせ，時間があれば発表させる。最後に「この本にはこんな大切なことも書かれていました」と言って，次の文を紹介し，教師の"相談を聞く姿勢"を伝えて，授業を終える。

> いじめかどうかわからない状況であっても，誰かに相談することがとても重要です。勘違いかなと思っても，気になったら担任の先生に相談してください。些細な日常の話を聞くのも教師の仕事です。
>
> 前掲書 p.27 より

【こんな時期に活用しよう】

・4月の早い段階

学級がスタートしたばかりの時期に活用することによって，「チクリ」という言葉に対するイメージを正しい方向に変え，「些細なことでも相談していいんだ」という安心感をもたせる。

・教育相談を実施する前の時期

教育相談を実施する前の時期に活用することによって，いじめについて相談することは「告発」という正しい行為であることに気づかせ，「些細なことでも相談してみよう」という意識を高める。

⏱ 5分でできる ⏱

① 本の表紙と「大人に相談することは……」の文を提示する。

② 発問2で，「なぜ加害者を救うことになるのか」を考えさせた後，「なぜなら……」の文を提示する。

授業のポイント解説

〈導入〉

本と出合わせる前に「こんな子がいたら何と声をかけるか」を考えさせることで，大人に相談することについての考えを子どもたちから引き出す。そして，「相談することはよいこと」という考え方を学級全体で共有する。

〈発問〉

発問2によって，相談することが加害者を救うことになるという新しい認識をもたせ，相談しようとする意識をさらに高める。

〈事後指導〉

1日の振り返りを書くノートなどがあれば，そこに相談事を書いてもよいことを伝えておく。また，直接相談に来た子がいれば，「話してくれてありがとう」という教師の思いを伝え，相談しやすい雰囲気をつくる。

（平井百合絵）

コラム 1時間の道徳授業に発展

「2.まわりの人間ができること」の授業

迷わず相談しよう！
‥‥‥‥‥‥‥‥‥‥‥‥‥‥‥‥‥‥‥‥‥‥‥‥‥‥‥‥‥‥‥‥‥

　発問3の後，「駅に貼ってあったポスターに次のような言葉がありました」と言って，次の言葉を提示する。

> 危険を感じたら
> 迷わず押してください

　「この言葉のそばには，駅のホームから線路に落ちかかっている人のイラストと非常ボタンを押す人のイラストがありました」と言って発問する。

発問4 なぜこんなポスターが作られているのでしょうか。

　次のような考えが出されるだろう。
・あぶないと思ってもどうしたらいいかわからず戸惑う人が多いから。
・非常ボタンを押してもいいかどうか迷う人がいるから。
　考えを共感的に受け止めた後，発問する。

発問5 危険なことが起きているのに，戸惑ったり迷ったりしていたらどうなりますか。

　「大けがするかもしれない」「命がなくなるかもしれない」などという答えが返ってくるだろう。

　答えを受けて「いじめも同じです。こんなポスターを作ってみました」と言って提示する。

　ポスターの言葉を音読させた後，「最初に見せたイラストにはこんな言葉がありました」と言って，「いじめ，チクることはすごく大事」を提示する展開につなげていく。

　授業後は，最初のイラストとポスターを掲示し，定期的に「少しでも気になることがあったら迷わず相談しよう」と呼びかけ，意識の持続を図っていく。

新しい道徳授業づくり研究会（SDK）ご案内

研究会代表	鈴木健二　愛知教育大学

研究会の趣旨

SDKでは，次の３つの視点で新しい道徳授業づくりに取り組んでいます。

視点1：「小さな道徳授業」プランの開発
視点2：教科書教材を効果的に活用した道徳授業づくり
視点3：開発した教材を効果的に活用した道徳授業づくり

３つの視点の根底にあるのは，「認識の変容を促す道徳授業をどうつくるか」という問題意識です。認識の変容を促してこそ，子どもの言動も変容していくのです。

SDKでは，３つの視点をもとに，さまざまな道徳授業のプランの開発を行い，実践の成果等を発信しています。本書『５分でできる小さな道徳授業』シリーズもその成果の一つです。

子どもにとって意味のある新しい道徳授業を生み出したいという思いをもつ教師と共に，これからも進化し続けます。

研究会の活動

SDKでは，以下のような幅広い活動を展開しています。
① SDK創立記念大会（４月）…新年度のテーマ等を理論・実践両面から提案
② SDK全国大会（８月）…自由研究発表・講座・講演などで深い学びの場を提供
③ SDK会員特別定例会（１月）…「小さな道徳授業」プランの検討
④ メールマガジンの発行（年６回）…道徳授業づくりにすぐ役立つ情報が満載
⑤ 機関誌『談論風発』（教育出版）の発行（年２回）…全国小中学校に無料配付
⑥ SDKホームページの運営…道徳授業づくりの最新情報を随時発信
⑦ SDK Instagram の運営…学級経営に役立つ多様な素材を発信
⑧「小さな道徳授業」サイトの運営…誰でもすぐ活用できるプランを年４回配信

SDKのWebサイト	http://sdk-aichi-since2019.com/
SDK事務局のメールアドレス	sdk.aichi.since2019@gmail.com
SDK「小さな道徳授業」サイト	https://chiisana-d.sdk-aichi-since2019.com/
SDK Instagram	sdk_since2019

[編著者紹介]

鈴木健二（すずき　けんじ）
愛知教育大学

宮崎県生まれ。公立小学校教諭，指導主事，校長等を経て，愛知教育大学大学院にて教鞭を執る。専門は道徳教育，学級経営等，併せて質の高い授業づくりの実践的研究を進めている。子どもが考えたくなる，実践したくなる道徳授業づくりに定評があり，全国各地の教育委員会や小中学校に招かれて，講演会等を行っている。30年以上前に結成した「日向教育サークル」では，現在も宮崎県を拠点に活動している。2019年4月に「新しい道徳授業づくり研究会（SDK）」(http://sdk-aichi-since2019.com/) を立ち上げる。全国各地に支部も設立され，質の高い道徳授業づくりに取り組んでいる。主な研究分野は，「子どもの心に響く道徳教材の開発」「子どもを育てる学級経営」「授業に生かす教科書研究」「信頼性を高める学校経営」「授業づくりの基礎・基本の解明」など。
主著に，『社会科指導案づくりの上達法』『ノンフィクションの授業』『授業総合診療医 ドクター鈴木の新人教師の授業診断』（以上，明治図書），『道徳授業をおもしろくする！』（教育出版），『道徳授業づくり上達10の技法』『教師力を高める──授業づくりの基礎となる20の視点』『必ず成功する！新展開の道徳授業』『思考のスイッチを入れる　授業の基礎・基本』『新しい道徳授業の基礎・基本』『中学校道徳 ワンランク上の教科書活用術』『5分でできる 小さな道徳授業1』『同2』『学級づくりは教育哲学で決まる』（以上，日本標準）など。そのほか，編著書，雑誌論文等多数。
メールアドレス：kenchan4172@gmail.com

[執筆者一覧]（五十音順）
新しい道徳授業づくり研究会

青木結紀	三重県津市立育生小学校	新田裕樹	愛知県名古屋市立白水小学校
足立健太郎	愛知県豊川市立音羽中学校	平井百合絵	愛知県豊川市立桜木小学校
猪飼博子	愛知県あま市立甚目寺南小学校	藤髙英一	愛知県大府市立大府小学校
伊崎真弓	三重県亀山市立神辺小学校	堀内遥香	愛知県豊田市立浄水北小学校
石津まりこ	静岡県掛川市立桜木小学校	山岸直美	愛知県豊田市立元城小学校
中川聡一郎	愛知県清須市立西枇杷島中学校	吉田綾子	長崎県松浦市立志佐中学校

（所属は2023年9月現在）

学級経営に生きる
5分でできる 小さな道徳授業 3

2023年10月30日　第1刷発行

編著者	鈴木健二
著　者	新しい道徳授業づくり研究会
発行者	河野晋三
発行所	株式会社 日本標準
	〒350-1221　埼玉県日高市下大谷沢91-5
	電話　04-2935-4671
	FAX　050-3737-8750
	URL https://www.nipponhyojun.co.jp/
印刷・製本	株式会社 リーブルテック

© Suzuki Kenji 2023　Printed in Japan　　　ISBN978-4-8208-0744-5

◆乱丁・落丁の場合はお取り替えいたします。
◆定価はカバーに表示してあります。